30周年記念企画

サンドラのドラゴンズ論

若狭 敬一 著
（CBCアナウンサー）

CBC サンデードラゴンズ編

中日新聞社

はじめに

〈サンデードラゴンズ〉の司会者、若狭敬一です。〈サンデードラゴンズ〉の放送開始30周年を記念し、中日ドラゴンズとファンの架け橋になりたいと願って、このたび『サンドラのドラゴンズ論』を執筆しました。

私の夢はプロ野球選手でした。しかし、諦めました。上には上がいたからです。だから、プロ野球選手は、今でも昔も雲の上の存在です。

やがて私の夢はアナウンサーに変わり、ＣＢＣに入社。若い頃は情報番組のレポーターなど、野球とは別の道を歩んでいました。しかし２００６年、〈サンデードラゴンズ〉という交差点で、その雲の上の人達と出会ったのです。この幸運に感謝しつつ、毎週日曜日、ドラファンへドラ情報を送り続けてきました。

生放送はその1回だけで終了。時間の制約もあります。いつか長い時間をかけて取材したものを形にしたい、消えない架け橋を作りたい、と思うようになりました。

この本では、谷繁元信選手兼任監督との単独インタビューなどの取材に基づき、全5章でドラゴンズ論を展開しています。読み終えた後、さらに中日ドラゴンズを愛し、期待し、応援しようと思って頂けたなら、幸甚です。

サンドラのドラゴンズ論　目次

本書はCBCのドラゴンズ応援番組〈サンデードラゴンズ〉の放送30周年を記念して企画された

文中の記録・データは、2013(平成25)年までの公式記録に基づき、
2013年シーズン終了時点を起点とした。選手名は、その時々の登録名を採用した

文中の人物の敬称は略した

協力：中日ドラゴンズ
写真提供：中日新聞社
制作協力：安藤友美、株式会社ジャム、鹿嶋直樹（中日スポーツ）

サンデードラゴンズ
30周年記念

中日スポーツ
創刊60年記念

あなたが選ぶ!!
ドラファン総選挙

結果発表

ドラゴンズファンの投票によって決まる“ドラファン総選挙”!
あなたが選ぶドラゴンズのエース、
主砲、助っ人外国人、守護神、ベストナインは誰か!?

ドーム世代(～34歳)、
強竜世代(35～49歳)、
レジェンド世代(50歳～)
の世代に分けて投票。
2013年11月1日から
12月1日まで投票を実施。
応募総数9514票から
導き出された結果をここに発表!

ドラファン総選挙 世代別投票数

●選手・監督名は50音順とし、敬称は略しました　●各世代の結果は、2ケタ以上の得票数を集めた選手・監督名を記載しました

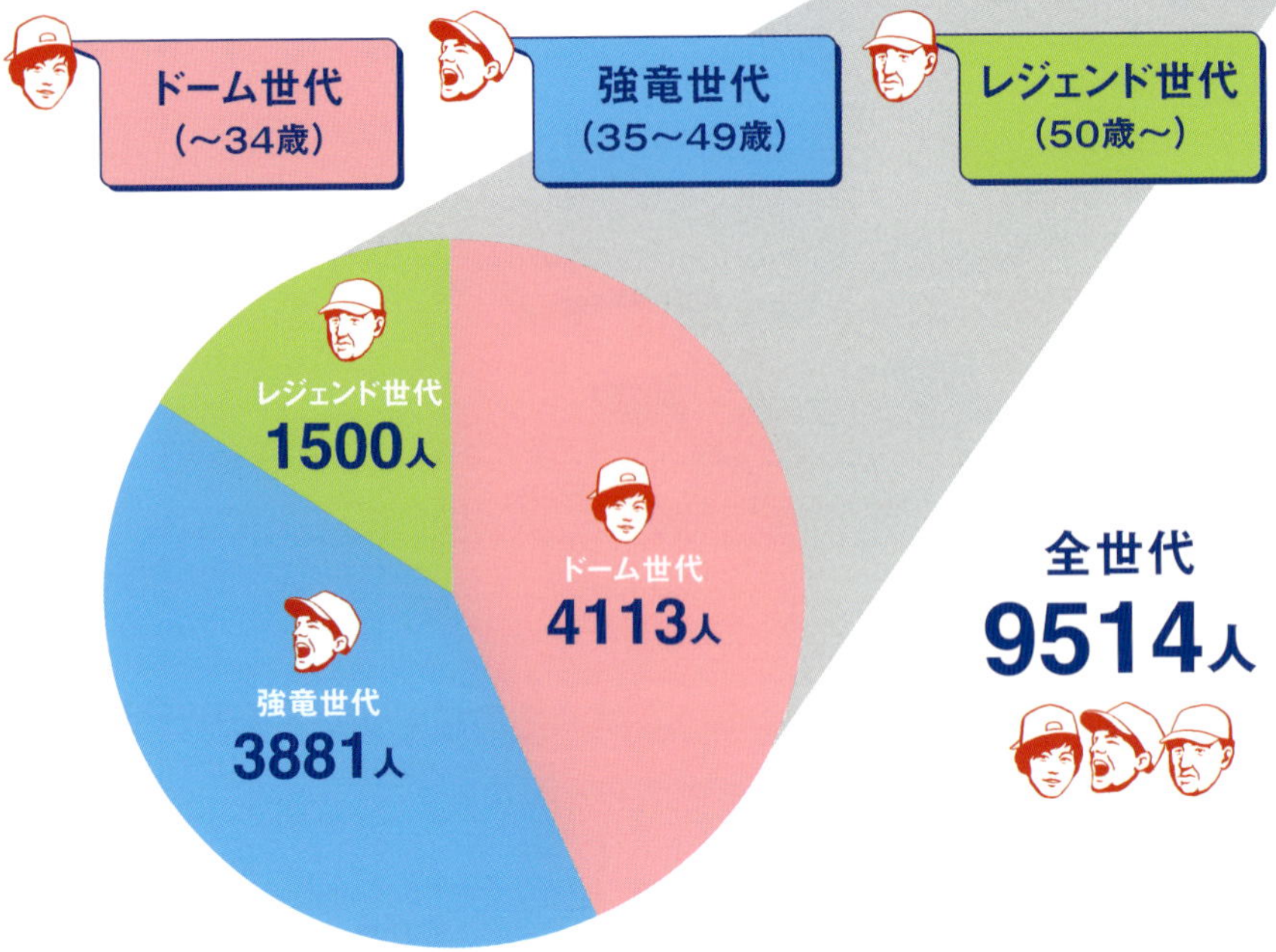

Q.1　ドラゴンズのエースは?
(ドラゴンズで80勝以上&事務局選定)

Q.2　ドラゴンズのリリーフエースは?
(ドラゴンズで登板300試合以上の投手から事務局選定)

Q.3　ドラゴンズの守護神は?
(ドラゴンズで通算50セーブ以上)※セーブは1974年より制定

Q.4　ドラゴンズの主砲は?
(ドラゴンズで4番出場300試合以上、
またはドラゴンズで150本塁打以上の選手から事務局選定)

Q.5　助っ人外国人 NO.1 は?
(ドラゴンズで実働3年以上から事務局選定)

Q.6　ドラゴンズの代打の切り札は?
(事務局選定)

Q.7　ドラゴンズの名監督は?
(1シーズン未満の代行監督はのぞく)

Q.8　これからドラゴンズのエースになって欲しい投手は?

Q.9　これからドラゴンズの4番になって欲しい選手は?

Q.10　あなたが選ぶベストナインは?
(ドラゴンズで出場650試合以上の野手、助っ人外国人と現役選手は)

Q.11　あなたが選ぶ名勝負・名場面は?
(事務局選定)

Q.1 ドラゴンズのエースは？

（ドラゴンズで 80勝以上＆事務局選定）

今中慎二

速球とカーブの投球は芸術的。2桁勝利6回

大矢根博臣

57年にノーヒットノーラン。2桁勝利4回

川上憲伸

開幕投手6回。真っ向勝負が信条の熱血漢

小松辰雄

150キロ超を連発したスピードガンの申し子

権藤博

新人で35勝。権藤、権藤、雨…の流行語つくる

杉下茂

フォークボールの神様。球団初200勝を達成

中山俊丈

2年連続20勝。64年にノーヒットノーラン

野口茂樹

99年リーグMVP。低め突く投球で打者翻ろう

服部受弘

元祖二刀流。戦後に投手転向で5年連続2桁勝利

星野仙一

闘志むき出す燃える男。先発、救援を一人二役

松本幸行

「ちぎっては投げ」が代名詞。74年に最多勝

三沢淳

3年連続2桁勝利。シュートが武器のサブマリン

山本昌

いまだ史上最年長記録を更新中の200勝左腕

吉見一起

多球種の制球力は精密機械級。5年連続2桁勝利

結果は次ページ！

No.1 エース

川上憲伸

Kawakami Kenshin

マウンドさばき・気持ち・
特にエースとしての雰囲気

彼しかいない！

勝って欲しい時に
勝ってくれる投手

カットボールがすばらしかった
バッティングもHRが打てた

全世代

順位	選手名	得票数
1	川上憲伸	2100
2	山本昌	1712
3	今中慎二	1561
4	吉見一起	1484
5	杉下茂	939
6	星野仙一	734
7	小松辰雄	495
8	権藤博	308
9	野口茂樹	81
10	松本幸行	54
11	三沢淳	16
12	服部受弘	8
13	中山俊丈	4
14	大矢根博臣	3

ドーム世代

選手名	得票数
川上憲伸	1314
吉見一起	979
山本昌	726
今中慎二	477
杉下茂	313
星野仙一	115
権藤博	83
小松辰雄	50
野口茂樹	43

強竜世代

選手名	得票数
今中慎二	967
山本昌	751
川上憲伸	657
吉見一起	399
小松辰雄	362
星野仙一	328
杉下茂	301
権藤博	67
野口茂樹	26
松本幸行	14

レジェンド世代

選手名	得票数
杉下茂	325
星野仙一	291
山本昌	235
権藤博	158
川上憲伸	129
今中慎二	117
吉見一起	106
小松辰雄	83
松本幸行	34
野口茂樹	12

Q.2 ドラゴンズのリリーフエースは？

（ドラゴンズで登板300試合以上の投手から事務局選定）

浅尾拓也

11年リーグMVP。年間79試合登板の怪腕

落合英二

球団初の最優秀中継ぎ投手。救援陣のリーダー格

鹿島忠

投球の安定感が際立つセットアッパーの先駆け

堂上照

愛称はジャンボ。82年リーグ優勝の主戦中継ぎ

板東英二

先発で活躍後、球団初の本格的な救援投手に転向

水谷寿伸

遅咲き右腕ながら、先発、中継ぎに獅子奮迅

結果は次ページ！

No.1 リリーフエース

浅尾拓也

Asao Takuya

登板すると
ドームが盛り上がる

ピンチに臆せず向かい、チームに流れを持ってきてくれる

2010年，2011年，
球団初の連覇の立役者。

地元のスター。
順位を上昇させる男。

全世代

順位	選手名	得票数
1	浅尾拓也	7701
2	落合英二	1176
3	鹿島忠	326
4	板東英二	168
5	堂上照	93
6	水谷寿伸	35

ドーム世代

選手名	得票数
浅尾拓也	3641
落合英二	379
板東英二	43
鹿島忠	35
堂上照	13

強竜世代

選手名	得票数
浅尾拓也	2908
落合英二	620
鹿島忠	237
堂上照	54
板東英二	52
水谷寿伸	10

レジェンド世代

選手名	得票数
浅尾拓也	1152
落合英二	177
板東英二	73
鹿島忠	54
堂上照	26
水谷寿伸	18

Q.3 ドラゴンズの守護神は？

（ドラゴンズで通算 50セーブ以上）※セーブは 1974年より制定

岩瀬仁紀

通算セーブ日本人歴代1位。金字塔続ける鉄腕

牛島和彦

冷静なマウンドさばきとクレバーな投球が脅威

郭源治

88年リーグMVP。気迫の投球が感動を呼ぶ

ギャラード

在籍4年でタイトル2度。敵意を隠さず打者圧倒

鈴木孝政

同郷の巨人・長嶋茂雄をうならせた快速球右腕

宣銅烈

99年の胴上げ投手。日本でも輝いた韓国の至宝

与田剛

当時日本最速157キロを計測した剛腕新人王

結果は次ページ！

No.1 守護神

岩瀬仁紀

Iwase Hitoki

ドラゴンズの守護神にとどまらず，球界最高の守護神

文句無し、鉄腕と呼ぶにふさわしい

名前がコールされただけで勝負に勝っていた

セーブ記録を更新中の岩瀬しかいないでしょう

真っ二つにしそうなスライダーと射抜くようなストレート

全世代

順位	選手名	得票数
1	岩瀬仁紀	6849
2	郭源治	1479
3	宣銅烈	360
4	牛島和彦	320
5	与田剛	237
6	鈴木孝政	175
7	ギャラード	79

ドーム世代

選手名	得票数
岩瀬仁紀	3545
郭源治	223
宣銅烈	186
与田剛	56
ギャラード	53
牛島和彦	45
鈴木孝政	10

強竜世代

選手名	得票数
岩瀬仁紀	2333
郭源治	995
牛島和彦	197
与田剛	135
宣銅烈	130
鈴木孝政	75
ギャラード	16

レジェンド世代

選手名	得票数
岩瀬仁紀	971
郭源治	261
鈴木孝政	90
牛島和彦	78
与田剛	46
宣銅烈	44
ギャラード	10

Q.4 ドラゴンズの主砲は？

（ドラゴンズで4番出場300試合以上、またはドラゴンズで150本塁打以上の選手から事務局選定）

ウッズ

06年2冠王。シーズン本塁打&打点は球団記録

宇野勝

中日遊撃手初の本塁打王。勝負強さで人気

江藤慎一

ON全盛期に2年連続首位打者。豪傑だが親分肌

大島康徳

スタメン、代打ともに勝負強い打撃でファン魅了

落合博満

2年連続本塁打・打点王。パ3冠王の実力証明

ゴメス

99年優勝時の不動4番。巨人戦で勝負強さ発揮

杉山悟

抜群の長打力。52年本塁打王、54年打点王

大豊泰昭

94年本塁打、打点の2冠王。一本足打法で開花

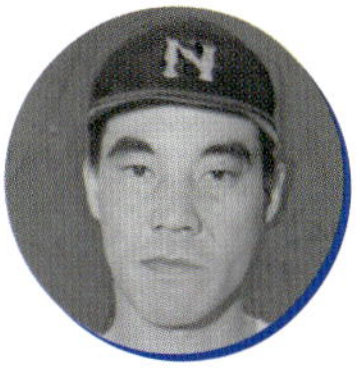

西沢道夫

50年の年間満塁本塁打5本は現在も日本記録

パウエル

球団初の3年連続首位打者。通算打率も3割超

福留孝介

3割30発100打点で06年リーグMVP

ブランコ

ナゴヤドーム初の天井弾を放った怪力ドミニカン

マーチン

74年優勝時の4番。本塁打量産でファン魅了

森徹

プロ2年目に4番抜てきで本塁打&打点の2冠王

谷沢健一

首位打者2回。故障とも闘った不屈の好打者

山崎武司

96年本塁打王。大器晩成を地で行く叩き上げ

結果は次ページ！

No.1 主砲

落合博満

Ochiai Hiromitsu

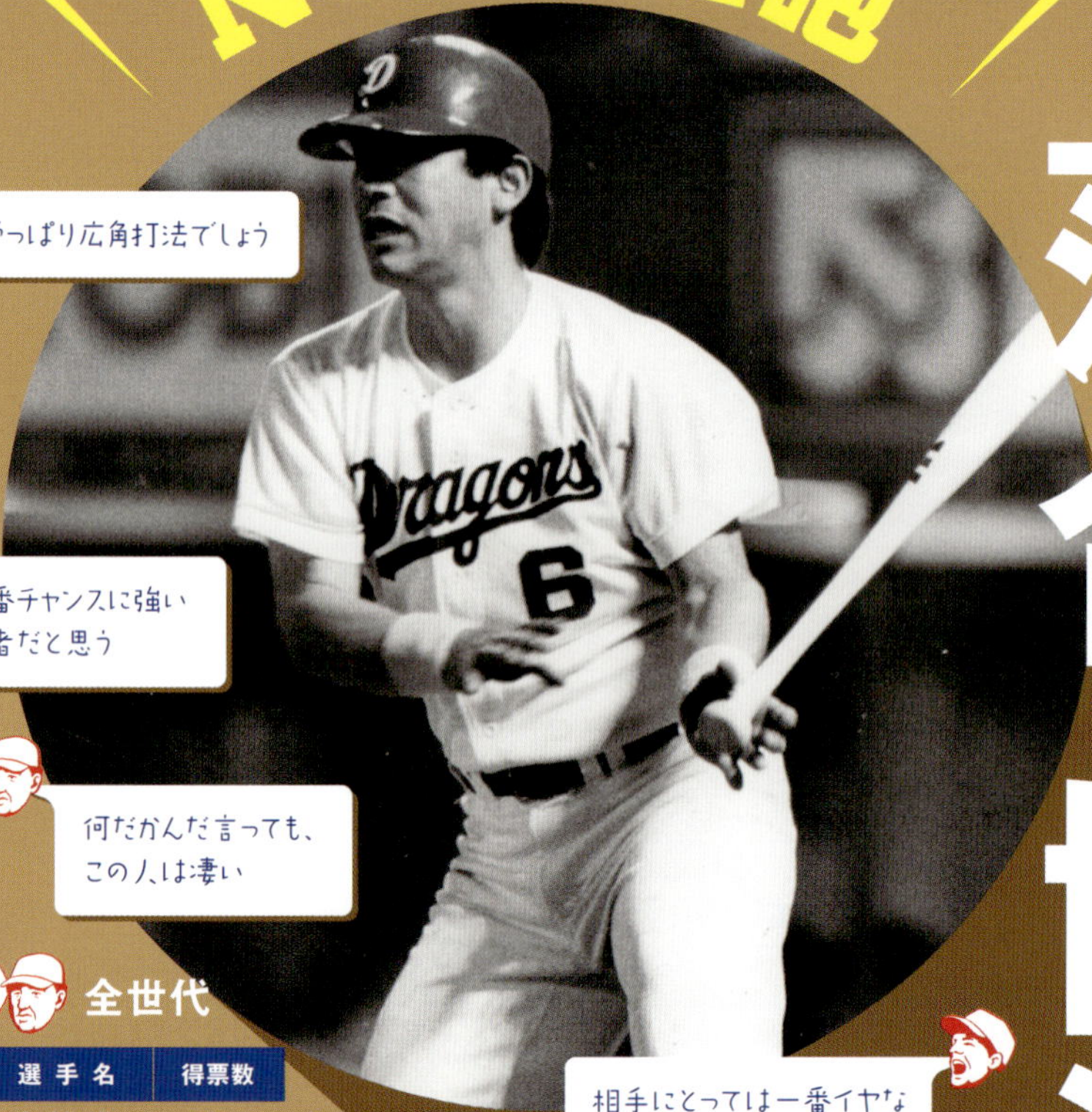

やっぱり広角打法でしょう

一番チャンスに強い
打者だと思う

何だかんだ言っても、
この人は凄い

相手にとっては一番イヤな
バッターだったんじゃない？

全世代

順位	選手名	得票数
1	落合博満	3040
2	ウッズ	2691
3	ブランコ	858
4	ゴメス	460
5	山崎武司	389
6	大豊泰昭	358
7	江藤慎一	282
8	谷沢健一	263
9	マーチン	261
10	パウエル	227
11	福留孝介	207
12	宇野勝	169
13	大島康徳	143
14	西沢道夫	112
15	森徹	32
16	杉山悟	6

ドーム世代

選手名	得票数
ウッズ	1668
落合博満	983
ブランコ	571
ゴメス	247
山崎武司	182
大豊泰昭	128
福留孝介	115
パウエル	68
宇野勝	38
西沢道夫	25
江藤慎一	25
谷沢健一	23
マーチン	20
大島康徳	17

強竜世代

選手名	得票数
落合博満	1634
ウッズ	793
ブランコ	218
谷沢健一	175
ゴメス	174
大豊泰昭	163
山崎武司	155
マーチン	125
宇野勝	109
パウエル	107
大島康徳	80
福留孝介	68
江藤慎一	38
西沢道夫	35

レジェンド世代

選手名	得票数
落合博満	423
ウッズ	230
江藤慎一	219
マーチン	116
ブランコ	69
大豊泰昭	67
谷沢健一	65
山崎武司	52
西沢道夫	52
パウエル	52
大島康徳	46
ゴメス	39
福留孝介	24
森徹	23
宇野勝	22

Q.5 助っ人外国人 No.1は?

（ドラゴンズで実働 3年以上から事務局選定）

アレックス

強肩巧打が魅力。日米両国でサイクル安打

ウッズ

06年2冠王。シーズン本塁打&打点は球団記録

ギャラード

在籍4年でタイトル2度。敵意を隠さず打者圧倒

ゲーリー

同僚・落合博満に感化され、神主打法で打率向上

ゴメス

99年優勝時の不動4番。巨人戦で勝負強さ発揮

宣銅烈

99年の胴上げ投手。日本でも輝いた韓国の至宝

チェン

台湾出身の速球派左腕。先発、中継ぎにフル回転

パウエル

球団初の3年連続首位打者。通算打率も3割超

バンチ

球団外国人投手初のノーヒットノーラン達成

ブランコ

ナゴヤドーム初の天井弾を放った怪力ドミニカン

マーシャル

球団初の現役メジャー選手。巨人戦に好相性

マーチン

74年優勝時の4番。本塁打量産でファン魅了

モッカ

強打の3番。引退で胴上げされたほど愛された助っ人

結果は次ページ！

No.1 助っ人外国人

ウッズ

William Tyrone Woods

あれだけ打ってくれれば、
ファンのみんなが満足です

一言！最強の四番
だと思います

一撃必殺！！一発で試合を
ひっくり返す特大ホームラン！！

衝撃的なイメージを一番残した
助っ人だし、何か期待してしまう

全世代

順位	選手名	得票数
1	ウッズ	2788
2	パウエル	1300
3	チェン	1114
4	モッカ	907
5	ブランコ	785
6	ゴメス	747
7	アレックス	496
8	マーチン	451
9	宣銅烈	396
10	ゲーリー	380
11	バンチ	60
12	マーシャル	41
13	ギャラード	33

ドーム世代

選手名	得票数
ウッズ	1478
チェン	777
ブランコ	438
パウエル	394
ゴメス	329
アレックス	327
宣銅烈	138
モッカ	85
ゲーリー	65
バンチ	39
マーチン	27
ギャラード	15

強竜世代

選手名	得票数
ウッズ	1009
パウエル	650
モッカ	583
ゴメス	321
ゲーリー	295
ブランコ	238
チェン	236
宣銅烈	197
マーチン	185
アレックス	133
バンチ	17
ギャラード	15

レジェンド世代

選手名	得票数
ウッズ	301
パウエル	256
マーチン	239
モッカ	239
ブランコ	109
チェン	101
ゴメス	97
宣銅烈	61
アレックス	36
マーシャル	34
ゲーリー	20

Q.6 ドラゴンズ代打の切り札は？
（事務局選定）

飯田幸夫

74年、代打満塁サヨナラ弾でリーグ優勝に弾み

大島康徳

スタメン、代打ともに勝負強い打撃でファン魅了

川又米利

大島康徳と並ぶ代打16本塁打はリーグ2位

高橋光信

05年、大魔神・佐々木から代打逆転サヨナラ本塁打

立浪和義

通算2480安打。487二塁打はプロ野球記録

種田仁

がに股打法で代打11打席連続出塁を達成

豊田誠佑

G江川キラー。82年、代打で逆転口火の会心打

結果は次ページ！

No.1 代打の切り札

立浪和義

Tatsunami Kazuyoshi

「代打 立浪」で大盛り上がりしました

ミスタードラゴンズ！

PL時代から格好良すぎた！

チャンスをモノにする勝負強い打撃が本当に頼りになりました

代打となってからも「負けん気」を持ち、常に前に進む姿は尊敬に値する。男の色気を感じる

全世代

順位	選手名	得票数
1	立浪和義	4456
2	川又米利	2897
3	大島康徳	1039
4	種田仁	566
5	高橋光信	390
6	豊田誠佑	105
7	飯田幸夫	45

ドーム世代

選手名	得票数
立浪和義	2709
川又米利	672
種田仁	311
高橋光信	261
大島康徳	138
飯田幸夫	15
豊田誠佑	11

強竜世代

選手名	得票数
川又米利	1778
立浪和義	1366
大島康徳	370
種田仁	201
高橋光信	93
豊田誠佑	63
飯田幸夫	10

レジェンド世代

選手名	得票数
大島康徳	531
川又米利	447
立浪和義	381
種田仁	54
高橋光信	36
豊田誠佑	31
飯田幸夫	20

Q.7 ドラゴンズの名監督は？

（1シーズン未満の代行監督は除く）

天知俊一

54年、球団初リーグ優勝と日本一を達成

落合博満

日本一1回、リーグ優勝4回。8年連続Aクラス

近藤貞雄

82年リーグ優勝。破天荒采配で野武士軍団築く

杉浦清

現役メジャーのマーシャル獲得。リーグ2位2回

杉下茂

33歳で就任即リーグ2位。新旧交代を進める

高木守道

94年、伝説の10.8を指揮。リーグ2位3回

中利夫

鉄腕・稲尾を投手コーチに招聘。リーグ3位1回

西沢道夫

3年連続リーグ2位。球団初の抑え投手起用

濃人渉

61年、新人・権藤博の積極登用でリーグ2位

野口明

リーグ2位、3位。大洋戦26連勝の快挙

星野仙一

球団史上最多勝。88、99年リーグ優勝

水原茂

巨人、東映でも指揮。リーグ2位1回

山内一弘

異名はかっぱえびせん。教え出したら止まらない

山田久志

横浜・谷繁をFA獲得。伸び悩む福留を外野固定

与那嶺要

74年、20年ぶりリーグ優勝。巨人V10阻止

結果は次ページ！

No.1 名監督

落合博満

Ochiai Hiromitsu

俺流!

黄金時代を築いた

4回の優勝と
1回の日本一

自分のやり方を信じて、
初志貫徹する強さがある

実績は他の追随を許さない。
斬新な考えが球界に一石を投じた

全世代

順位	選手名	得票数
1	落合博満	7482
2	星野仙一	1234
3	近藤貞雄	257
4	与那嶺要	243
5	天知俊一	99
6	高木守道	54
7	山田久志	42
8	水原茂	21
9	杉下茂	17
10	山内一弘	16
11	野口明	11
12	西沢道夫	9
13	杉浦清	6
14	中利夫	6
15	濃人渉	1

ドーム世代

選手名	得票数
落合博満	3580
星野仙一	403
高木守道	26
天知俊一	25
与那嶺要	23
山田久志	20
近藤貞雄	14

強竜世代

選手名	得票数
落合博満	2931
星野仙一	645
近藤貞雄	156
与那嶺要	74
天知俊一	22
山田久志	15
高木守道	13

レジェンド世代

選手名	得票数
落合博満	971
星野仙一	186
与那嶺要	146
近藤貞雄	87
天知俊一	52
高木守道	15
水原茂	13

Q.8 これからドラゴンズのエースになってほしい投手は？

（記述投票の集計）

全世代

順位	選手名	得票数
1	大野雄大	1399
2	岡田俊哉	745
3	伊藤準規	618
4	鈴木翔太	231
5	西川健太郎	115
6	吉見一起	112

ドーム世代

選手名	得票数
大野雄大	772
岡田俊哉	318
伊藤準規	288
鈴木翔太	119
西川健太郎	60

強竜世代

選手名	得票数
大野雄大	456
岡田俊哉	314
伊藤準規	254
鈴木翔太	86
西川健太郎	55
吉見一起	53

レジェンド世代

選手名	得票数
大野雄大	171
岡田俊哉	113
伊藤準規	76
吉見一起	59
鈴木翔太	26

Q.9 これからドラゴンズの4番になってほしい選手は？

（記述投票の集計）

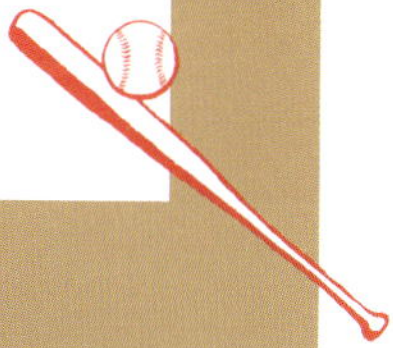

全世代

順位	選手名	得票数
1	平田良介	3403
2	高橋周平	1304
3	堂上剛裕	89
4	古本武尊	70
5	堂上直倫	63

ドーム世代

選手名	得票数
平田良介	1628
高橋周平	537
堂上剛裕	47
堂上直倫	32

強竜世代

選手名	得票数
平田良介	1293
高橋周平	531
古本武尊	29
堂上直倫	31
堂上剛裕	28

レジェンド世代

選手名	得票数
平田良介	482
高橋周平	236
堂上剛裕	14
古本武尊	11

Q.10 あなたが選ぶベストナインは?

(ドラゴンズで出場650試合以上の野手、助っ人外国人と現役選手は
出場400試合以上の野手より事務局選定。ポジション重複あり)

セカンド
[1名選択]

荒木雅博

6年連続ゴールデングラブ賞。ベストナイン3回

井上登

54年日本一の正二塁手。4年連続ベストナイン

高木守道

「バックトス」が代名詞。ベストナイン7回

立浪和義

通算2480安打。487二塁打はプロ野球記録

ファースト
[1名選択]

ウッズ

06年2冠王。シーズン本塁打&打点は球団記録

落合博満

2年連続本塁打&打点王。パ3冠王の実力証明

大豊泰昭

94年本塁打、打点の2冠王。一本足打法で開花

西沢道夫

50年の年間満塁本塁打5本は現在も日本記録

ブランコ

ナゴヤドーム初の天井弾を放った怪力ドミニカン

谷沢健一

首位打者2回。故障とも闘った不屈の好打者

山崎武司

96年本塁打王。大器晩成を地で行く叩き上げ

キャッチャー
[1名選択]

木俣達彦

セ捕手初の30本塁打。マサカリ打法で開眼

谷繁元信

最年長2000安打。25年連続本塁打を継続中

中尾孝義

82年リーグMVP。走攻守そろった新型捕手

中村武志

88、99年V立役者。闘将・星野の叩き上げ

野口明

54年日本一の正捕手。55年は兼任監督

外野手
（レフト・センター・ライト）
［3名選択］

井上弘昭
ここぞでの勝負強さを発揮。ベストナイン1回

江藤慎一
ON全盛期に2年連続首位打者。豪傑だが親分肌

大島康徳
スタメン、代打ともに勝負強い打撃でファン魅了

大島洋平
走攻守に存在感。盗塁王、ベストナイン各1回

杉山悟
抜群の長打力。52年本塁打王、54年打点王

田尾安志
3年連続リーグ最多安打。ベストナイン3回

中利夫
67年首位打者。盗塁王1回。ベストナイン5回

パウエル
球団初の3年連続首位打者。通算打率も3割超

原田督三
通算203盗塁。球団初のサイクル安打を達成

彦野利勝
3年連続ゴールデングラブ賞。ベストナイン1回

平田良介
2試合連続サヨナラ本塁打。期待大の4番候補

平野謙
俊足強肩で小技もあるスイッチ打者。盗塁王1回

福留孝介
3割30発100打点で06年リーグMVP

本多逸郎
愛称は「パラさん」。55年盗塁王の俊足自慢

マーチン
74年優勝時の4番。本塁打量産でファン魅了

和田一浩
10年リーグMVP。ベストナイン1回

結果は次ページ！

ショート
［1名選択］

一枝修平
66年ベストナイン。高木守道と鉄壁二遊間

井端弘和
ゴールデングラブ賞7回。ベストナイン5回

宇野勝
中日遊撃手初の本塁打王。勝負強さで人気

立浪和義
通算2480安打。487二塁打はプロ野球記録

牧野茂
54年日本一の正遊撃手。守備走塁に才覚あり

サード
［1名選択］

落合博満
2年連続本塁打&打点王。パ3冠王の実力証明

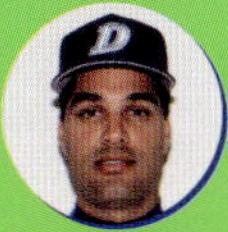
ゴメス
99年優勝時の不動4番。巨人戦で勝負強さ発揮

島谷金二
75年ゴールデングラブ賞。勝負強い打撃も魅力

立浪和義
通算2480安打。487二塁打はプロ野球記録

仁村徹
勝負どころの右打ちは芸術的。グラウンドの主将

モッカ
強打の3番。引退で胴上げされたほど愛された助っ人

森野将彦
打撃は柔軟性とパンチ力あり。ベストナイン1回

このメンバーなら絶対優勝だ

ベストナイン

外野手 パウエル

打って守って、鉄壁の外野人

外野手 和田一浩

守備範囲が広く
勝負強いバッティング

外野手 福留孝介

福留選手強肩は本当
に頼りになりました

セカンド 荒木雅博

ショート 井端弘和

二遊間はアライバコンビ！

ファースト 落合博満

強いからに決まっとる

みーんな強肩でコント
ロールいいでしょ！！

ピッチャー 川上憲伸

サード 立浪和義

実力、期待度、スター性

キャッチャー 谷繁元信

竜の要と言えば、
谷繁選手！

全世代

ポジション	順位	選手名	得票数
キャッチャー	1	谷繁元信	6399
	2	中村武志	1108
	3	中尾孝義	1028
	4	木俣達彦	932
	5	野口明	31
ファースト	1	落合博満	3042
	2	ウッズ	2609
	3	谷沢健一	1729
	4	ブランコ	809
	5	山崎武司	605
	6	大豊泰昭	510
	7	西沢道夫	194
セカンド	1	荒木雅博	4112
	2	立浪和義	2731
	3	高木守道	2619
	4	井上登	36
サード	1	立浪和義	3004
	2	落合博満	2236
	3	ゴメス	1342
	4	森野将彦	1251
	5	モッカ	991
	6	仁村徹	392
	7	島谷金二	282
ショート	1	井端弘和	5978
	2	立浪和義	2072
	3	宇野勝	1362
	4	一枝修平	66
	5	牧野茂	20
外野手（レフト・センター・ライト）	1	福留孝介	6246
	2	和田一浩	3593
	3	パウエル	3350
	4	田尾安志	3086
	5	大島洋平	2972
	6	平野謙	2305
	7	平田良介	1793
	8	大島康徳	1633
	9	彦野利勝	924
	10	江藤慎一	919
	11	中利夫	691
	12	マーチン	690
	13	井上弘昭	156
	14	杉山悟	60
	15	本多逸郎	46
	16	原田督三	30

ドーム世代

ポジション	選手名	得票数
キャッチャー	谷繁元信	3434
	中村武志	367
	木俣達彦	243
	中尾孝義	60
	野口明	13
ファースト	ウッズ	1606
	落合博満	1318
	ブランコ	529
	山崎武司	275
	大豊泰昭	190
	谷沢健一	148
	西沢道夫	51
セカンド	荒木雅博	2181
	立浪和義	1174
	高木守道	750
	井上登	12
サード	立浪和義	1666
	落合博満	785
	森野将彦	759
	ゴメス	732
	モッカ	99
	仁村徹	68
ショート	井端弘和	3264
	立浪和義	508
	宇野勝	324
	一枝修平	13
外野手（レフト・センター・ライト）	福留孝介	3154
	和田一浩	2216
	大島洋平	1927
	パウエル	1538
	平田良介	1153
	田尾安志	807
	平野謙	431
	大島康徳	296
	彦野利勝	248
	江藤慎一	228
	中利夫	150
	マーチン	135
	杉山悟	20
	井上弘昭	18
	本多逸郎	17
	原田督三	13

強竜世代

ポジション	選手名	得票数
キャッチャー	谷繁元信	2260
	中尾孝義	676
	中村武志	613
	木俣達彦	328
ファースト	落合博満	1327
	谷沢健一	1026
	ウッズ	797
	大豊泰昭	247
	山崎武司	246
	ブランコ	205
	西沢道夫	33
セカンド	荒木雅博	1574
	立浪和義	1235
	高木守道	1066
サード	落合博満	1108
	立浪和義	958
	モッカ	633
	ゴメス	491
	森野将彦	345
	仁村徹	270
	島谷金二	76
ショート	井端弘和	1980
	立浪和義	1076
	宇野勝	813
	一枝修平	10
外野手（レフト・センター・ライト）	福留孝介	2373
	田尾安志	1719
	平野謙	1482
	パウエル	1454
	和田一浩	1089
	大島康徳	900
	大島洋平	791
	彦野利勝	588
	平田良介	506
	マーチン	324
	江藤慎一	220
	中利夫	122
	井上弘昭	60

レジェンド世代

ポジション	選手名	得票数
キャッチャー	谷繁元信	705
	木俣達彦	361
	中尾孝義	292
	中村武志	128
	野口明	14
ファースト	谷沢健一	555
	落合博満	397
	ウッズ	206
	西沢道夫	110
	山崎武司	84
	ブランコ	75
	大豊泰昭	73
セカンド	高木守道	803
	荒木雅博	357
	立浪和義	322
	井上登	18
サード	立浪和義	380
	落合博満	343
	モッカ	259
	島谷金二	198
	森野将彦	147
	ゴメス	119
	仁村徹	54
ショート	井端弘和	734
	立浪和義	488
	宇野勝	225
	一枝修平	43
	牧野茂	10
外野手（レフト・センター・ライト）	福留孝介	719
	田尾安志	560
	江藤慎一	471
	大島康徳	437
	中利夫	419
	平野謙	392
	パウエル	358
	和田一浩	288
	大島洋平	254
	マーチン	231
	平田良介	134
	彦野利勝	88
	井上弘昭	78
	杉山悟	33
	本多逸郎	25
	原田督三	13

Q.11 あなたが選ぶ名勝負・名場面は？

（事務局選定）

20年ぶりリーグ優勝

1974年10月12日大洋戦
総力戦で巨人V10阻止。
星野仙一が胴上げ投手

江藤慎一2年連続首位打者

1965年10月17日広島戦
三冠王を狙う巨人・王と死闘の末に
僅差で逆転

日本シリーズ初制覇

1954年11月7日西鉄戦
杉下茂が西鉄を完封、
球団待望の日本一に輝く

近藤真一ノーヒットノーラン

1987年8月9日巨人戦
高卒ドラ1新人が
プロ初登板ノーヒットノーラン

野武士野球で8年ぶりリーグ制覇

1982年10月18日大洋戦
シーズン最終戦で小松辰雄が完封。
奇跡の逆転V

デービス満塁ランニング本塁打

1977年5月14日巨人戦
塁間10歩と言われた快足で
仰天ランニングHR

闘将・星野仙一初優勝

1988年10月7日ヤクルト戦
守護神・郭が涙の胴上げ投手。
巨人に大逆転V

巨人・斎藤ノーヒット阻止逆転サヨナラ弾

1989年8月12日巨人戦
9回1死まで無安打投球の斎藤雅樹に
落合サヨナラ弾（初ヒットは音重鎮）

難敵・江川攻略4点差大逆転

1982年9月28日巨人戦
江川攻略9回に同点、
延長10回大島サヨナラ打

同率10・8決戦

1994年10月8日巨人戦
史上初シーズン最終戦決戦で
長嶋巨人にV逸

中村武志劇的2発

1991年7月19日巨人戦
代打満塁本塁打&サヨナラ本塁打で
8点差を逆転

対槙原3連発

1996年6月19日巨人戦
音、大豊、山崎が巨人・槙原から
3者連続本塁打

ナゴヤドーム開幕戦勝利

1997年4月4日横浜戦
立浪の開幕戦先頭打者HRなどで
新本拠地初勝利

結果は次ページ!

立浪和義2000安打

2003年7月5日巨人戦
「マジック3」から一挙3安打の
猛打賞で達成

山崎武司逆転バンザイ3ラン

1999年9月26日阪神戦
優勝間近、山崎が9回裏に
逆転サヨナラ3ラン

山本昌ノーヒットノーラン

2006年9月16日阪神戦
41歳1カ月のノーヒットノーランは史上最年長

平田2試合連続サヨナラ本塁打

2011年6月5日ロッテ戦
球団史上初、プロ野球史上でも
8人目の珍快挙

岩瀬仁紀382セーブ

2013年9月18日巨人戦
大魔神・佐々木主浩を抜き
日本人歴代1位に浮上

パーフェクトリレー日本一

2007年11月1日日本ハム戦
山井と岩瀬が打者27人で抑え
53年ぶり日本一

No.1 名勝負・名場面

パーフェクトリレー日本一

前代未聞の記録だから

どれもしびれるけど、日本一になった瞬間は忘れられない！！

とにかく日本一がうれしかった

監督と選手の信頼関係があったから出来た采配だと思います

全世代

順位	選手名	得票数
1	パーフェクトリレー日本一	2715
2	山崎武司逆転バンザイ3ラン	1632
3	同率10・8決戦	1136
4	山本昌ノーヒットノーラン	592
5	落合博満ノーヒット阻止逆転サヨナラ弾	533
6	近藤真一ノーヒットノーラン	513
7	平田2試合連続サヨナラ本塁打	478
8	難敵・江川攻略4点差大逆転	399
9	岩瀬仁紀382セーブ	300
10	20年ぶりリーグ優勝	285
11	立浪和義2000安打	195
12	中村武志劇的2発	185
13	野武士野球で8年ぶりリーグ制覇	151
14	デービス満塁ランニング本塁打	133
15	闘将・星野仙一初優勝	132
16	日本シリーズ初制覇	68
17	対槙原3連発	27
18	ナゴヤドーム開幕戦勝利	19
19	江藤慎一2年連続首位打者	5

ドーム世代

選手名	得票数
パーフェクトリレー日本一	1627
山崎武司逆転バンザイ3ラン	760
同率10・8決戦	415
平田2試合連続サヨナラ本塁打	356
山本昌ノーヒットノーラン	353
岩瀬仁紀382セーブ	208
立浪和義2000安打	115
落合博満ノーヒット阻止逆転サヨナラ弾	89
近藤真一ノーヒットノーラン	52
中村武志劇的2発	38
日本シリーズ初制覇	22
闘将・星野仙一初優勝	21
難敵・江川攻略4点差大逆転	14
デービス満塁ランニング本塁打	12
20年ぶりリーグ優勝	11

強竜世代

選手名	得票数
パーフェクトリレー日本一	832
山崎武司逆転バンザイ3ラン	593
同率10・8決戦	583
落合博満ノーヒット阻止逆転サヨナラ弾	384
近藤真一ノーヒットノーラン	370
難敵・江川攻略4点差大逆転	239
山本昌ノーヒットノーラン	183
中村武志劇的2発	125
野武士野球で8年ぶりリーグ制覇	100
平田2試合連続サヨナラ本塁打	98
20年ぶりリーグ優勝	81
闘将・星野仙一初優勝	70
岩瀬仁紀382セーブ	70
デービス満塁ランニング本塁打	62
立浪和義2000安打	60
日本シリーズ初制覇	13
対槙原3連発	10

レジェンド世代

選手名	得票数
山崎武司逆転バンザイ3ラン	279
パーフェクトリレー日本一	256
20年ぶりリーグ優勝	193
難敵・江川攻略4点差大逆転	146
同率10・8決戦	138
近藤真一ノーヒットノーラン	91
落合博満ノーヒット阻止逆転サヨナラ弾	60
デービス満塁ランニング本塁打	59
山本昌ノーヒットノーラン	56
野武士野球で8年ぶりリーグ制覇	43
闘将・星野仙一初優勝	41
日本シリーズ初制覇	33
平田2試合連続サヨナラ本塁打	24
中村武志劇的2発	22
岩瀬仁紀382セーブ	22
立浪和義2000安打	20

中日ドラゴンズ＆サンデードラゴンズ

サンデードラゴンズ SUNDAY DRAGONS

30年の歩み

1983～2013年 30年間の軌跡…

START!

順位	1983	1984	1985	1986	1987	1988
監督	近藤貞雄	近藤貞雄	山内一弘	山内一弘	高木守道	
優勝	巨人	広島	阪神	広島	巨人	V
2位	広島	●	広島	巨人	●	巨人
3位	大洋	巨人	巨人	阪神	広島	広島
4位	阪神	阪神	大洋	大洋	ヤクルト	大洋
5位	●	ヤクルト	●	●	大洋	ヤクルト
6位	ヤクルト	大洋	ヤクルト	ヤクルト	阪神	阪神

1983

昭和58年 成績 勝 54 敗 69 分 7

サンドラ

10月2日「サンデードラゴンズ」開始

1982年に、中日がリーグ優勝。それを受けて翌1983年10月2日、中日ドラゴンズの応援番組として「サンデードラゴンズ」がスタートした。

（久野誠アナ・古木淑恵アナ・木俣達彦氏）

1984

昭和59年 成績 勝 73 敗 49 分 8

竜投全開。

本塁打王宇野勝に加え、谷沢健一、モッカ、大島康徳が30本塁打以上と猛打爆発。巨人に14連勝も2位。

1985

昭和60年 成績 勝 56 敗 61 分 13

キャンプイン直前に田尾安志が西武へトレード。

戦績5位も小松辰雄のタイトル独占が救い（最多勝、最優秀防御率、最多奪三振、沢村賞受賞）。

1986

昭和61年 成績 勝 54 敗 67 分 9

シーズン途中の監督交代劇にチーム減速。ゲーリー孤軍奮闘36アーチ。

この年オフ、監督に星野仙一就任。落合博満がトレードで入団。

サンドラ

1986年11月16日解説者として高木守道氏登場

1987

昭和62年 成績 勝 68 敗 51 分 11

星野元年、竜の新4番に落合。

高卒ルーキーの近藤真一が初登板でノーヒットノーランの快挙達成（史上初）。

サンドラ

（久野誠アナ・寺蔦しのぶアナ・木俣達彦氏）

1988

昭和63年 成績 勝 79 敗 46 分 5

星野竜、初のリーグ制覇は逆転V。期待のルーキー立浪和義は新人王を獲得。

1992 1991 1990 1989

高木守道　　　　　　　　　　星野仙一

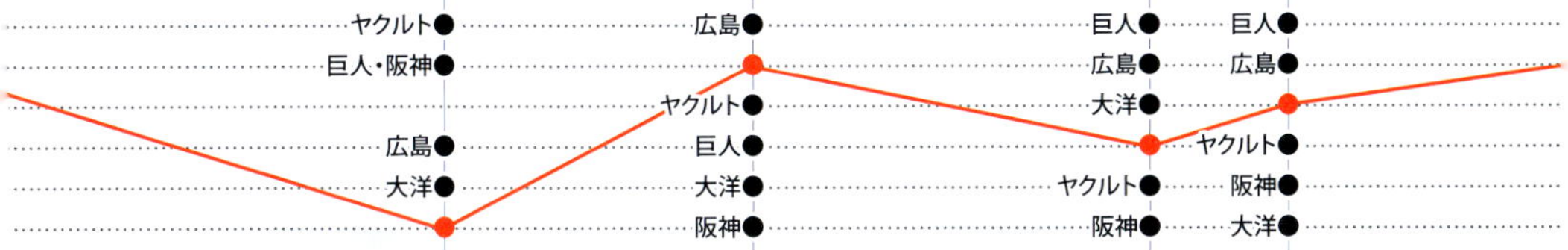

サンドラ

1988年10月8日星野ドラゴンズ初のリーグ優勝で優勝特別番組を放送

(久野誠アナ・鷲塚美知代アナ)

平成元年 成績 勝 68 敗 59 分 3

強竜が首位を猛追、8月には9連勝。巨人に勝ち越すも3位。巨人から移籍の西本聖は自己最多の20勝をマークし最多勝獲得。

平成2年 成績 勝 62 敗 68 分 1

豪腕与田剛150キロの快速球で快刀乱麻の活躍。最優秀救援投手、新人王のタイトルを獲得。主砲落合は本塁打と打点の2冠。しかしチームは低迷脱せず4位。

サンドラ

開幕前にユニフォーム姿の星野監督が出演

選手たちの「ぜひ僕を使って下さい!」VTRに思わず涙を目に浮かべるシーンも。1990年4月よりサンドラは1時間番組に拡大。星野ドラゴンズを応援するべく、久野アナ、高木氏を中心に多彩なゲストを迎えて賑やかに。ゲストにミスタージャイアンツ長嶋茂雄氏が登場したことも!

平成3年 成績 勝 71 敗 59 分 1

9月に星野監督が辞意表明。次期監督として高木守道の就任決定。

サンドラ

監督に就任した高木氏に代わり近藤貞雄氏がサンドラのレギュラー解説者に

平成4年 成績 勝 60 敗 70 分 0

高木竜の1年目。投打、主力の故障相次ぎ屈辱の最下位。

サンドラ

名古屋のスタジオに高木、星野、近藤と新旧3監督揃い踏みの豪華な顔合わせが実現

1992年の中日オーストラリアキャンプの現場から、生中継で高木新監督がレポーターの近藤氏と出演、名古屋のスタジオには星野前監督が登場した。

(久野誠アナ・瓶子和美アナ)

1993

順位	1993	1994	1995	1996
1	ヤクルト	巨人	ヤクルト	巨人
2	（中日）	（中日）	広島	（中日）
3	巨人	広島	巨人	広島
4	阪神	阪神・ヤクルト	横浜	ヤクルト
5	横浜		（中日）	横浜
6	広島	横浜	阪神	阪神

監督：高木守道（1993〜1995）、徳武定祐、島野育夫（1995）

平成5年　成績　勝 73　敗 57　分 2

今中慎二が最多勝、最多奪三振、沢村賞、ベストナイン、ゴールデングラブのタイトル獲得。

山本昌が最多勝、最優秀防御率、最高勝率を獲得。


サンドラ放送500回記念「メモリーズ・オブ・サンデードラゴンズ」放送

久野アナ、瓶子アナの司会、レギュラー近藤氏の他に、スーパーバイザー星野氏、初代レギュラー木俣達彦氏、歴代アシスタントを迎えて。

1994

平成6年　成績　勝 69　敗 61　分 0

史上初の同率10・8優勝決定戦。巨人相手に惜敗V逸も主要タイトルは中日の独壇場。

パウエルが初の首位打者、大豊泰昭が本塁打と打点の2冠、郭源治が最優秀防御率、山本昌が最多勝に沢村賞受賞。

サンドラご褒美企画が人気

シーズン最多勝、沢村賞に輝いた山本に、サンドラはご褒美企画を実施。山本憧れの人・元F1レーサー中島悟氏との対談が実現した。

（久野誠アナ・阿部恵アナ）

1995

平成7年　成績　勝 50　敗 80　分 0

投壊にけが人続出で借金30の大惨敗。15年ぶりの勝率3割台。監督は高木、徳武定祐、島野育夫と交代。

1996

平成8年　成績　勝 72　敗 58　分 0

ナゴヤ球場ラストイヤー。4年目の野口茂樹がノーヒットノーランを達成。

パウエルが外国人選手として初の3年連続首位打者を獲得。


大豊選手ご褒美企画「万里の長城」へロケ取材

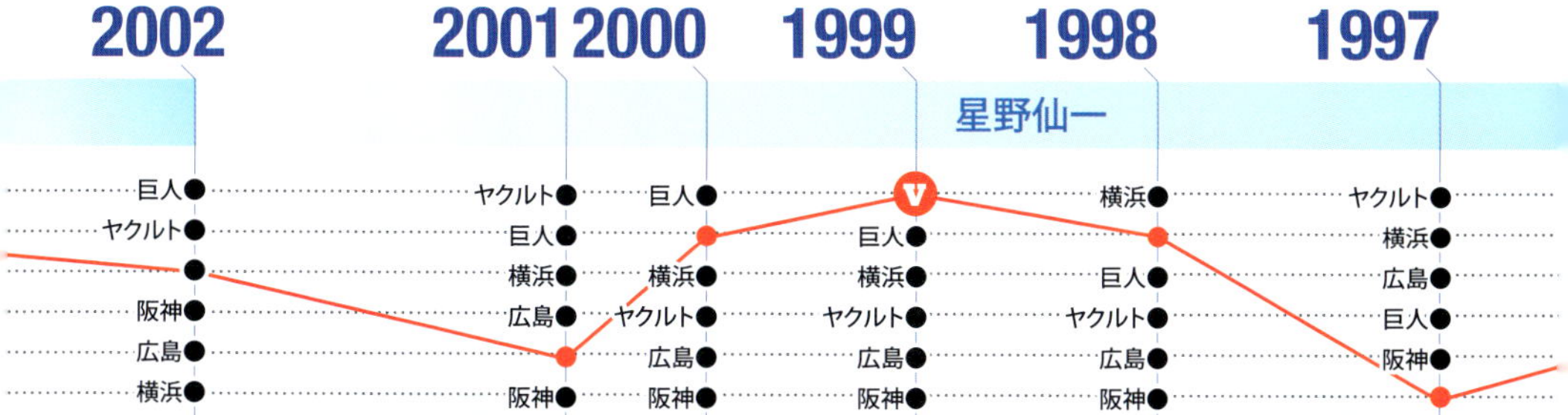

平成9年 成績 勝 59 敗 76 分 1

ナゴヤドーム元年も投打空回り、5年ぶりの最下位。韓国の至宝宣銅烈が孤軍奮闘の18連続セーブポイント。

サンドラ放送700回記念「サンドラスペシャル」放送
（伊藤敦基アナ・吉村洋子アナ）

平成10年 成績 勝 75 敗 60 分 1

シーズン終盤に首位横浜との直接対決で7連敗、4ゲーム差の2位。川上憲伸14勝で新人王獲得。

（加藤小百合アナ・伊藤敦基アナ）

平成11年 成績 勝 81 敗 54 分 0

星野竜開幕11連勝プロ野球タイ記録の快進撃。9月26日阪神戦は山崎武司が逆転サヨナラ3ランを放ち、優勝をほぼ決めた。

平成12年 成績 勝 70 敗 65 分 0

5月に猛ダッシュの10連勝で首位に立つもVを争う巨人に18敗。連覇ならず。

平成13年 成績 勝 62 敗 74 分 4

投打の補強は期待外れに終わるも井端弘和、荒木雅博といった次代を担う若手が台頭。オフにFAの谷繁元信が入団。

メインキャスターに牛島和彦氏、また久野誠アナがご意見番として復帰

4月29日のサンドラで、大リーグ・マリナーズへの移籍が決まったイチロー選手と久野アナの談話を放送。（牛島和彦氏、青木まなアナ・久野誠アナ）

平成14年 成績 勝 69 敗 66 分 5

山田竜1年目。上位4チーム混戦の中で悪夢の7連敗、最後は踏ん張り3位。福留孝介が首位打者獲得。

伊藤敦基アナ

「シーズンオフにホテルの宴会場を貸し切って、星野監督の誕生日をお祝いする」

番組の企画ではなく、当時の主力選手たちが考えたことでした。他のチームでは考えられないほどの、アットホームな雰囲気のドラゴンズが大好きでした。それはドーム球場に替わった時でした。「守りの野球」にチーム編成は変えても、情に厚く地域密着のチームカラーは変わらなかった。1位の時も6位の時も、チームと一緒に喜怒哀楽を共感できた幸せな時間でした。

2003	2004	2005	2006	2007
山田久志	佐々木恭介	落合博満	落合博満	落合博満
阪神	V	阪神	V	巨人
	ヤクルト		阪神	
巨人・ヤクルト	巨人	横浜	ヤクルト	阪神
	阪神	ヤクルト	巨人	横浜
広島	広島	巨人	広島	広島
横浜	横浜	広島	横浜	ヤクルト

平成15年　成績 勝 73 敗 66 分 1

7月5日立浪が2000安打を達成。6月26日には1000得点と400二塁打を同時に達成。10月7日に3000塁打、ゴールデングラブ賞受賞。史上初の3ポジション（遊撃手・二塁手・三塁手）での受賞。

サンドラ

2003年4月6日より、サンドラは9時54分～「ニュースな日曜日」内コーナーとして放送

（メインキャスター木場弘子、青木まなアナ、宮部和裕アナ）

平成16年　成績 勝 79 敗 56 分 3

落合元年。現有戦力の10％底上げによるVを公言、オレ竜采配で見事リーグ制覇。川上がMVP、最多勝、沢村賞に輝いた。

平成17年　成績 勝 79 敗 66 分 1

交流戦の大敗が響いて連覇ならず。頼れる守護神岩瀬仁紀は46セーブの日本新記録を達成。

平成18年　成績 勝 87 敗 54 分 5

落合竜が止まらない。6月に首位に立ち、8月12日にはM40が点灯する圧倒的な強さを見せてリーグ制覇。9月16日には山本昌が史上最年長のノーヒットノーラン達成。52年ぶりの日本一を狙った日本シリーズは日本ハムに完敗。

サンドラ

サンドラ4年ぶりに単独番組として復活！

番組開始以来初の昼番組（午後0時54分～）に。ドラゴンズリーグ優勝を記念して12月31日に1時間スペシャルを生放送。（若狭敬一アナ、占部沙矢香アナ）

平成19年　成績 勝 78 敗 64 分 2

シーズンは2位。この年から導入されたクライマックスシリーズで、巨人阪神に負けなしの5連勝とし日本シリーズ進出。日本ハムを4勝1敗で下して53年ぶり2度目の日本一。

宮部和裕アナ

小学2年生から少年ドラゴンズ会員だった私にとって、憧れのサンドラ。出演する番組というより、観る番組という感覚でした。担当させていただいたのは、落合政権誕生の常勝への激動期。台湾スカウト兼務の大豊泰昭さんが、あんなにごっつい腕なのに、マイクを握る手を震わせていた緊張の初生放送で、愛弟子チェン投手を来日直後、真っ先に紹介してくださいました。サンドラは常に、ドラの命運を先取りしています。私には、今年の秋に再び、サンドラの仲間みんなでビールかけ中継に酔いしれる姿が見えます。

	2013	2012	2011	2010	2009	2008
監督	高木守道	高木守道				
1	巨人	巨人	V	V	巨人	巨人
2	阪神		ヤクルト	阪神		阪神
3	広島	ヤクルト	巨人	巨人	ヤクルト	
4		広島	阪神	ヤクルト	阪神	広島
5	DeNA	阪神	広島	広島	広島	ヤクルト
6	ヤクルト	DeNA	横浜	横浜	横浜	横浜

2008

平成20年 成績 勝 71 敗 68 分 5

主力選手に故障者が続出し苦戦。

(若狭敬一アナ、夏目みな美アナ)

2009

平成21年 成績 勝 81 敗 62 分 1

巨人に12ゲーム差の2位に終わる。代打で貢献した立浪がこの年限りで現役引退。トニ・ブランコが本塁打王と打点王の2冠。

サンドラ弁当ナゴヤドームで販売!

2009年7月20日サンドラ弁当をナゴヤドームで販売。初日は若狭アナ、夏目アナ、落合英二氏が特設売り場に登場し、大盛況。

2010

平成22年 成績 勝 79 敗 62 分 3

ドラゴンズ8度目のリーグ優勝。落合監督7年目で3度目のリーグ制覇。

2011

平成23年 成績 勝 75 敗 59 分 10

東日本大震災のため、開幕が遅れた。最大10ゲーム差からの大逆転で、9度目のリーグ優勝。球団史上初の連覇達成。

2012

平成24年 成績 勝 75 敗 53 分 16

17年ぶりに監督に復帰した高木監督が「ファンと共に」のキャッチフレーズを掲げ、3連覇へ挑んだが、最終的には巨人と10・5ゲーム差の2位に終わる。

2013

平成25年 成績 勝 64 敗 77 分 3

番組30周年を迎え、記念企画実施中!

(若狭敬一アナ、柳沢彩美アナ)

柳沢彩美アナ

小学校の時、クラスの男子が被る帽子といえばドラゴンズ帽。他球団の帽子を被って教室に入ってこようもんなら、クラスは喧嘩騒ぎに。給食の時間にクラスで流す曲は「燃えよドラゴンズ」。そんな生粋の名古屋人の私はサンドラを担当するのが「夢」でした。30年の節目も共に迎えられ、番組の本が出来上がり、夢のような日々が続いています。でも本当に叶えたいのは、ドラゴンズ完全優勝の「夢」! その際は番組でお供できますように!

サンデードラゴンズ サンドラ10大トピックス

1 闘将星野監督まさかの落涙

闘将として知られていた星野仙一監督が、スタジオ生出演していた際、選手からの熱いメッセージVTRを見て思わず落涙。

1990年4月

2 ミスター&イチロー生出演

90年、当時野球評論家の長嶋茂雄氏がスタジオ生出演、ショーマンシップを熱く語った。95年には、日韓野球の試合直前にナゴヤ球場からイチローが生出演。当時のエース今中慎二投手とのBigな2ショットとなった。

長嶋氏／1990年4月
イチロー選手／1995年11月

3 牛島、生放送でフォークボール実演

93年に現役引退した牛島和彦氏が伝家の宝刀フォークボールをスタジオで実演。ボールに色を付けたり、スローVTRを駆使しフォークボールの軌道を生放送で伝えた。

1996年5月

4 悠久の中国・大豊一人旅

96年に番組との公約を見事達成した大豊選手がそのご褒美として中国を一人旅。万里の長城から荊州、上海を巡る壮大な旅となった。

公約／打率.280以上30HR80打点でご褒美。この年は打率.294 38HR89打点で見事、公約達成。

1997年1月

5 公約罰ゲーム・中京競馬場を選手が激走!!

番組との公約を達成すればご褒美がもらえるが、公約を達成できないと中京競馬場を激走するという罰ゲーム。今中投手の他に立浪、仁村、山本昌、大豊、井上、荒木も走った。

今中投手の公約／9勝以下で中京競馬場、10勝以上で公約達成。この年12勝を挙げ公約を達成したはずが、星野氏の「15勝以下じゃもの足りん」というひと言で、走る事に。

1999年1月

6 選手の憧れ対談で中村勘九郎登場

中村武志選手の公約達成で中村勘九郎氏（当時／故人）とのBig対談が実現。実は公約達成のご褒美は「本人の銅像を製作」という内容だったがこれを辞退。本人の希望で対談に。

公約／100試合出場以下で罰ゲーム、128試合に出場し公約達成。「中村武志の銅像製作」というご褒美を辞退。前年の公約達成ご褒美にあった中村勘九郎氏との対談を熱望し実現。

1999年 1月

7 予想を外した小松、丸刈りに!!

99年日本シリーズ、ダイエー対中日は、ダイエーが覇者となった。「ドラゴンズが日本一」との予想を外した小松辰雄氏は、ファンとの約束を守り男らしく丸刈りに! その姿で番組に出演した。

1999年10月

8 選手の本音トーク炸裂 ブルブルブルペン&ブルブルの輪

落合英二氏の現役時代から続く名物企画。当初は岩瀬仁紀投手と二人でブルペンの裏側を暴露。落合氏引退後は主力選手を中心に軽快なトークで選手の本音を引き出した。

2001年4月〜2011年3月

9 「普通です」がサンドラ名物に!!

高木守道氏が解説者として選手のファインプレーを判定する企画。高木氏はファインプレーに対する基準が高く「普通です」を連発。それが番組名物に。

2006年4月〜2011年12月

10 木俣発言で監督・選手が発憤!!

「勝敗予想に自信アリ」という木俣達彦氏の予想だが、番組では予想が外れるのが定番となっている。11年「ドラゴンズの優勝はない」という木俣予想に監督・選手が発憤。最大10差をひっくり返し逆転優勝した。

2011年7月

30周年記念企画

サンデードラゴンズ
SUNDAY DRAGONS

サンドラのドラゴンズ論

若狭 敬一 著
（CBCアナウンサー）

CBC サンデードラゴンズ編

1章 理念

～谷繁元信単独インタビューから

I 船出した谷繁ドラゴンズ

理念とは組織を律する根本的な考え方であり、組織が進むべき方向性だ。政治理念、経営理念、教育理念など、どんな組織のトップでも、まず理念を明確にする必要がある。組織はまず、その理念をもとに編成され、動き出す。組織がどこへどう進むのか。それを決定するきわめて重要な羅針盤、それが理念なのだ。

プロ野球チームのトップは監督である。これまで数多くの監督が中日というチームを率いてきた。優勝に導いた監督、最下位に甘んじた監督、積極的に補強を進めた監督、育成に重きを置いた監督、打撃を強化した監督、守備を重視した監督など実に多種多様。また、監督が示した理念によって選手の採用・起用が変わり、チームの特徴が変わり、ファンサービスやマスコミ対応が変わり、そしてチームの最終成績も変わった。

２０１３年、中日は12年ぶりのＢクラスに低迷した。過去11年間は常にＡクラスをキープし、リーグ優勝４回、日本一１回と黄金時代を築き上げたと言ってもよい。しかし、２０１３年は故障者が続出するなどチーム状態が悪化。結局、勝率も5割を割り、1968年以来45年ぶりに全球団に負け越し、結局4位で終戦。主催試合の年間観客数も1995年以来の200万人割れ。屈辱の1年だった。

2013年オフ、球団にメスが入った。中日は首脳陣ならびにフロントを大刷新。監督には谷繁元信が就任した。中日としては1955年の野口明以来59年ぶりの選手兼任監督の誕生。今年プロ26年目を迎える大ベテランが、チームの指揮をとることになった。さらに、球団初のGM（ゼネラルマネジャー）に落合博満が就任。中日を常勝軍団へ成長させた元監督が、チームの編成を担当する。ヘッドコーチには森繁和。コーチ歴23年の名参謀が脇を固めた。新体制で船出した中日ドラゴンズ。この船はいったい、どこへいかに進もうとしているのか。

守り勝つ野球で 優勝へ

2013年10月10日午前11時。谷繁監督の就任会見が始まった。チームの理念、進むべき方向性を示す重要な席に、多くの報道陣が詰めかけた。ここで谷繁監督は明言する。「優勝を目指します。もう一度強いドラゴンズを復活したい」。優勝、そして常勝軍団復活を最大の目標に掲げた。

谷繁監督は人一倍負けず嫌いの性格である。私はかつて谷繁監督に「捕手の評価は何の数字で見るべきか」と問うたことがある。その時、間髪を入れず「優勝回数」と答えが返ってきた。出場試合数でも盗塁阻止率でも、ゴールデングラブ賞受賞回数でもない。いかに優勝に貢献しているか、どれだけ勝っているか、これで評価が決まるというのだ。「伊東さん（伊東勤）や古田さん（古田敦也）はどれだけ優勝してますか。僕なんてまだまだですよ」。西武黄金時代の扇の要であった伊東勤は、プロ生活22年でリーグ優勝13回、日本一8回を経験。ＩＤ野球の申し子と言われたヤクルトの古田敦也は18年のキャリアでリーグ優勝5回、日本一を4回達成している。一方、谷繁監督はプロ25年でリーグ優勝5回（横浜で1回、中日で4回）、日本一は2回（横浜で1回、中日で1回）にとどまっている。まだ満足していない。谷繁監督は勝ちに、優勝に飢えているのだ。

谷繁丸が優勝へ向かって進むことは分かった。次はいかに進むかだ。就任会見に戻ろう。この席で谷繁監督は「守りの野球になると思う。0で抑えれば負けることはない」と、ディフェンス重視の考えを示した。谷繁監督は選手として2000安打、1000打点を達成し、入団以来25年連続で本塁打を放っている好打者だ。しかし、同時に名捕手でもある。「捕手ですから、やはり守り。取れるアウトを取りに行く」と話す。谷繁監督の任期は4年。中日は少なくとも今年から4年間、守り重視のスタイルを貫くのだろう。どこへ向かっていかに進むのか。結論は出た。谷繁監督率いる中日は「守り勝つ野球で優勝へ」進むのだ。

落合GMの理念

中日初のGMに就任したのが落合博満。監督の理念にかなう人材の整備、チームの編成が主な仕事だが、この落合GMも監督時代には守りを重視していた。

私が司会を務める中日応援番組〈サンデードラゴンズ〉では毎オフに落合監督と対談し、その内容を特集コーナーで放送していた。毎回収録は1時間を超え、そのシーズンを振り返るだけでなく、落合監督の野球に対する基本的な考え方にも触れることができた。その中で印象的だった落合監督の言葉の一つに「打者はしょせん受け身」がある。現役時代、3冠王を3度受賞した強打者だったにもかかわらず、落合監督は「野球はやはり投手」と繰り返していた。落合監督も、長いシーズンを戦い抜くためには投手を中心に守備を安定させた方が得策だと考えている一人だった。

また、CBCは落合監督が退任した2011年のオフにそれまでの8年間をまとめた特別番組を放送した。その取材の中で谷繁監督は、落合野球についてこう語っている。「落合野球はどんな野球？　普通の野球です。落合野球は普通」。この言葉は谷繁監督と落合GMの野球観が酷似していることを示している。試合中の采配や選手起用の他、長いペナントレースを戦う上でのチーム作りなど落合GMが実践してきたことは谷繁監督にとって、奇をてらった「オレ流」ではなく、「普通」だったのだ。強い中日復活のためには「もう一度投手を中心にした守りの野球」を。これが二人の一致した理念だろう。

野球の「特性」

そもそも野球とは不思議なスポーツだと私は考えている。サッカー、ラグビー、バスケットボールなど球技では一般的に攻撃側がボールを支配し、相手陣内に攻め込み、点を取りに行く。守備側はそれを懸命に受け止め、点を取られるのを防ぐ。攻守の切り替わりはボールの支配が変わった瞬間。守備側がボールを奪えば、即攻撃側に変わり、今度は一気に攻め込むのだ。これをサッカーなら11人対11人で、ラグビーなら15人対15人で時間いっぱい繰り返す。「ボール支配率」という言葉があるように、球技ではボールを支配する時間の長さが勝敗を左右する重要なファクターになっている。また、相手の人数よりも味方の人数が多い状態を示す「数的優位」という言葉も存在する。サッカーでは、相手のゴール前でいかにこの数的優位を作るかが得点する上で鍵となる。

しかし、野球は違う。ボールを支配しているのは圧倒的に守備側だ。3時間の試合で攻撃側がボールを支配する、ボールに触れる、つまり、バットにボールが当たる時間は、全て足しても数秒だろう。野球におけるボール支配率は、守備側のほぼ100％なのだ。しかも、打者一人がバットで弾き返した打球を守備側は9人で取りに行く。1人対9人。常に数的優位に立っているのも守備側なのだ。こんな球技は他にない。

仮に「球技とはボールを支配する側が何かを奪うスポーツ」と定義するなら、サッカーやラグビー、バスケットボールは「ボールを支配する攻撃側が点を奪うスポーツ」と言えるが、野球は「ボールを支配する守備側がアウトを奪うスポーツ」と言うのが正しいのではないだろうか。

「打者はしょせん受け身」と表現した落合ＧＭ。「取れるアウトを取りに行く」と所信表明した谷繁監督。二人の言葉は、見事にこの野球の特性とリンクしている。

ドラフト前日会議での一言

２０１３年10月24日。谷繁監督、落合ＧＭが参加したドラフト会議。中日は桐光学園高校の松井裕樹を１位指名したが、５球団の競合の末、くじを外し、聖隷クリストファー高校の鈴木翔太を指名。最終的に、育成ドラフトを含めた８人を指名している。

その前日、谷繁監督と落合ＧＭ、スカウトが集まり、リストアップしたアマチュア選手をビデオで確認したり、他球団の動向などをまとめたりする会議があった。この席で、中田宗男スカウト部長は谷繁監督の目指す野球を再確認したと言う。「谷繁監督にとっては初のドラフトでしたから、基本的には我々が立てた戦略に同意してくれました。こちらも最終段階で監督にあれこれ意見を求めると、逆に混乱するだろうと思っていましたから、粛々と説明していきました」。しかし、スカウトの中である選手の評価を決めかねていた。「実はあるパワーヒッターを指名するかどうか悩んでいたんです」。将来クリーンアップを打てる可能性を秘めている選手であれば、是が非でも欲しいところ。中田スカウト部長は「監督、この選手、下位なら指名できます。どうします？」と思い切って聞いてみた。すると、谷繁監督はすぐさま「守備はどうですか？」と聞き返したという。「守備は駄目。守備が良かったら、上位で消える選手です」と中田スカウト部長は答えた。「なら、いいです。守れないやつは要りません」。谷繁監督はそう明言したという。「やはり就任会見で言っていた通りです。彼は捕手ですから、守りの野球をするんだなというのが改めて確認できました。このようにはっきり言ってくれる方が、我々にとってはありがたいんです。採用基準が明確になりますから」。強い中日復活へ。チームの指揮官であり、扇の要である谷繁監督の目指す方向にブレはない。

誰がショートを守るのか

井端弘和が中日を去った。ベストナイン5回、ゴールデングラブ賞7回の職人は、まぎれもなく中日黄金時代を支えた一人だ。守り勝つ野球を実現するために、最も大切なポジションの一つであるショート。ここを一体誰が守るのだろうか。

主力の退団は即、若手の好機へと変わる。井端弘和の抜けた大きな穴。「それを埋めるのは俺だ！」と言わんばかりに若手たちの競争は激化。自主トレ、キャンプ、オープン戦と目をぎらつかせた若竜が猛アピールを繰り広げている。

私はこのショート問題に絞って、谷繁監督に聞いた。「どんな基準で選びますか？」「やはり守りです」。守備重視に変わりはない。では、ショートにどんな守備を求めるのか。「例えると…」。谷繁監督は具体的な事例を出した。「バッテリーを含めてフィールドにいる全員が、またベンチにいるメンバー全員が『ゲッツーだ！』と思った打球を、全部ゲッツーにできるショートです」。ダブルプレーを正確に取れるかどうかが合格基準になっている。「別にファインプレーをする必要はないです。派手なプレーは望まない。自分の守備範囲に飛んだ打球を、全てアウトにできればいい。これはショートに限った事ではありません。セカンドもそうです。取れるゲッツーは１００％取れる二遊間を求めています」。

しかし、「特に誰というのはないです」と実名を挙げることはなかった。「どんなショートか」という問いには細かく答えるが、「誰がショートか」については簡単に口を開かない。〈サンデードラゴンズ〉では２０１３年のオフに野村克也氏と谷繁監督の対談を収録した。その際、「監督にとって注意すべきことは何か」という話題になった。二人はともに「言葉」と答えた。野村克也氏は述懐する。「私は関西の人気球団、阪神の監督をした時に失敗しました。記者にぼそっとつぶやいたことが翌日１面になって。それを読んだ選手との関係が悪くなったんです」。失言は、チーム崩壊のトリガーになりかねない。「それは名古屋でも同じです。言葉には気をつけないといけません」と谷繁監督。すでに先人たちの言動、行動を他山の石としているようだ。ポスト井端争いは横一線。激しい競争を勝ち抜いて、ショートの座をつかむのは一体誰になるのだろうか。

守備重視の原点

谷繁監督の理念は、守り勝つ野球で優勝を目指すというものだった。オフェンスよりディフェンス重視。この考えに行き着いたのは、いつだったのだろうか。単独インタビューでは、その原点に迫ってみた。

後述するが、谷繁監督の捕手人生のスタートは高校1年生、15歳の夏である。したがって、捕手歴は今年の夏で丸28年となる。谷繁監督は高校の時から守りの大切さを感じていたのか、それとも、プロに入って気付かされたのか。

「正直に言うと、野球は守りだなと思ったのは5、6年前です」。驚きだ。守備重視の考えに落ち着いたのは、意外にも最近だったのである。「やはりあの試合で確信しました」。あの試合とは。「日本シリーズの完全試合です。あの試合、1対0でしょ。たった1点でも完璧に0で抑えれば、勝てる。負けることはないと思いました」。2007年11月1日。ナゴヤドーム。日本ハムとの日本シリーズ第5戦。先発の山井大介が8回までを、そして岩瀬仁紀が9回をパーフェクトに抑えた夜、谷繁監督の体には「勝つには守り」という野球観が刻み込まれた。「最後の打球も、センターへ抜けそうな当たりを荒木が捕ってジャンピングスローでしょ。やはり守備が大切だと思いました」。

2007年の日本シリーズを回顧してみよう。このシリーズ、中日は負けから始まっている。第1戦で先発の川上憲伸が立ち上がりを攻められ、フェルナンド・セギノールに3ランを打たれた。

一方、打線はダルビッシュ有に4安打に抑えられ、1対3で敗戦。スコア以上の完敗に見えた。しかし、この負けが、のちに効いてくる。CBCが放送した日本一を祝う特別番組で谷繁監督は「第1戦の憲伸のピッチングで多くの収穫がありました。負けはしましたけど、相手の状態を知る上で、非常に参考になりました」と話している。実はこの試合、川上憲伸は1回裏にフェルナンド・セギノールの先制3ランを打たれて以降、8回裏に金子誠にヒットを打たれるまで完璧に日本ハム打線を封じ込めていたのだ。谷繁監督の脳裏にインプットされた幾つもの情報。それが次戦以降に活きてくる。

谷繁監督は野村克也氏との対談で、捕手の仕事についてこう語っている。「まず、試合の前にスコアラーからのデータをもとにシミュレーションします。相手の1番から9番までと、味方の先発投手を想像しながら。そして、試合。試合が終わったら、今度はチャートを見ながら反省します」。これについては野村克也氏も「全く同じ。私は準備野球、実践野球、反省野球って言っていましたけど、キャッチャーは1試合につき3試合するんですよ」と話した。さらに捕手として大切にしていることも、二人は似ていた。まず、谷繁監督は「データはもちろん大切です。でも、僕が一番大切にしているのは映像。テレビでよく見るセンターカメラからの映像ではなく、自分がマスク越しに見てきた映像です。味方のピッチャーのボールに対して、相手バッターのスイング軌道がどうだったか。それが頭の中に入っています。その映像データをもとに配球しています」と説明した。たとえば、吉見一起が巨人の阿部慎之助に投じたインコース低めのスライダーに対して、それまで阿部慎之助のバットはどう出てきたか。この映像を参考にサインを出しているのだ。ほどなく野村克也氏が口を開く。「例えば、右バッターボックスに相手打者がいるとするでしょ。その場合、私はピッチャーの投げたボールを右目で見て捕球し、左目では打者の動きを見ていました」。二人の表現は微妙に異なるが、捕手目線の映像を大切にしながら、配球しているという点では一致している。さらに、二人はともに「日本シリーズを経験するとリードも成長する」と強調していた。チームの勝利に必要な守備。その要である捕手がいかに相手打線を把握するかが、試合の行方を左右すると言っても過言ではない。

2007年の日本シリーズに話を戻そう。第2戦。先発の中田賢一は8回を3安打1失点の好投。早速、第1戦の情報が活きた。打線も先制、中押し、ダメ押しと機能して8対1。敵地札幌ドームでの2試合を、1勝1敗で終えた。

第3戦は一つのプレーがポイントになった。1回裏、中日打線が爆発。打者12人の猛攻で一挙7点。勝負あったかに思われた。しかし、2回表に先発朝倉健太がつかまる。セギノール、工藤隆人に連続二塁打を浴び、1点を返され、なおも1死三塁。ここで中日は7対1と6点のリードにも関わらず、内野を前進させた。序盤から落ち着かない試合展開。ここで失点すると、流れが日本ハムに傾きかねないと判断したのだ。そして、稲田直人が放った打球はショートへ。三塁ランナーの工藤隆人が本塁突入。ショート井端弘和はすばやく打球を処理し、ホームへ。間一髪アウトとなった。もし、捕球が遅れたり、送球が外れたりしていたら、日本ハムに追加点が入っていた。記録上は単なる「遊ゴロ」も、明らかにこの試合の分水嶺だった。鉄壁のディフェンスで敵の戦意を奪っていく。中日の強さが見えたワンシーンだった。結局、第3戦は9対1で勝利。シリーズ全体の流れは、中日に傾いていった。

第4戦は1回の失策が明暗を分けた。1回表、日本ハムの先頭打者森本稀哲のショートゴロを井端弘和がエラー。守備が乱れた。しかし、ここで先発の小笠原孝が踏ん張る。2死一、二塁とピンチを迎えるものの、小谷野栄一を三振。無失点で切り抜けた。直後の1回裏、中日は1死一、三塁のチャンス。ここでタイロン・ウッズはサードゴロ。しかし、これを小谷野栄一がファンブルし、エラー。先制点につながった。その後も内野ゴロや暴投で加点した中日が4対2で勝ち、日本一へ王手をかけた。

そして、第5戦。中日は27個のアウトを完璧に取った。1対0。ナゴヤドームに五色のテープが乱れ飛んだ。53年ぶりの日本一。守ってつかみ取った栄冠だった。結局、中日は5試合で7失点。防御率1・43。守備も刺殺132、補殺57、失策1。守備率は9割9分4厘7毛だった。全ては第5戦に象徴されるが、それまでの4試合を見ても、投手を中心にした守りで日本ハムを追い詰めていったのが分かる。

「攻撃は最大の防御じゃなくて、防御は最大の攻撃だと思いました」。防御は最大の攻撃。表には出ないが、この言葉こそ谷繁監督率いる中日の新しいスローガンと言ってもいいだろう。

経験がものをいう、とは

2007年、谷繁元信は捕手として、またプロ野球選手として一段階上のステージに足を踏み入れていた。「そのシーズンくらいからです。周りが見えてきたのは」と振り返る。捕手は経験がものをいうポジションだと語られるが、かつて谷繁元信はその意味がよく分からなかったという。「いくら捕手として試合に出ても、ゲームに入ると、興奮したり、カッカしたりと気分的にフラットでいられなかったんです。経験って何だろうと。しかし、2007年ごろから徐々に周りが見えて、試合中、常に冷静でいられるようになったんです。この感覚が『経験がものをいう』ということなのかなと思いました」。慌てず騒がず、味方投手の出来や相手打者の好不調、試合の流れを的確に把握する。その上で配球し、アドバイスし、間を取り、試合を作っていく。心は熱いが、頭は冷静。ついに、この感覚が身に付いたのだ。「最初は1年の中で1試合か2試合でした。それが年々1週間になり、1カ月になり、3カ月になり、今ではシーズンを通してその感覚で試合に臨めています。これは今までの経験があってこそだと思っています」。歴代2位の2900試合出場。その経験で得られたものは「冷静に周りが見られる自分」だったのだ。

谷繁元信はさらに加える。「そんな今だから、なおさら守備の重要性を痛感しています」。勝敗を分ける分岐点は必ずある。野球はピンチとチャンスが3回ずつ訪れると指摘する解説者は多い。「確かにここぞという場面で点を取って、それが勝ちにつながったという試合もあります。しかし、ここぞという場面で抑えたから勝てたと実感する試合の方が多いです」。やはり防御は最大の攻撃なのだ。

攻撃の理念

ここまではディフェンスのことばかりにページを割いた。そろそろオフェンスの話も聞きたいという読者も多いはず。そこで単刀直入に尋ねた。どんな攻撃をするつもりなのか、と。

「一言でいえば、常に得点圏にランナーを置く攻撃です」。即答だった。理由も明確。「捕手からすればランナー一塁と二塁では全然プレッシャーが違う。一塁で気をつけることはホームランと長打。ヒットはOK。でも、二塁だとそうはいかない。配球も変わってきます」。では、犠打が多くなるのか。「いや、それは分かりません。相手に考えさせる野球をしないと」。就任会見でも同じような発言があったと記憶する。無死でも1死でもとにかく犠打という作戦ではなく、状況に応じてヒットエンドランや盗塁を絡める。もちろん、そのまま打つこともある。「中日は何をしてくるか分からない」と思わせることが大切なのだ。「でも、それって当然でしょう。いかに相手にプレッシャーを与えるか、考えさせるか。野球ってそういうもんでしょう」と笑う。谷繁元信は攻撃についても捕手目線で考えていた。球界では古田敦也以来7年ぶりの選手兼任監督でもある谷繁元信。野村克也氏との対談では「試合中の投手起用については森コーチにある程度任せて、攻撃については僕が采配しようかなと思っています」と明かした。その手腕に注目が集まる。

II 谷繁元信の原点

ここまでは、谷繁元信の考えをもとに、今シーズンの中日の進む方向性について述べてきた。守り勝つ野球で優勝を目指す中日。谷繁元信がその守りの大切さを痛感した原点は、2007年日本シリーズ最終戦の完全試合であった。ここからは、谷繁元信という人間の原点を探りたい。どこに生まれ、どう育ち、どう歩んできたのか。監督としてチームをけん引するまでに至った野球人生を振り返る。

負けず嫌い

1970年12月21日、谷繁元信は広島県比婆郡東城町（現在の庄原市）に生まれた。緑豊かな山に囲まれた町である。野球とはすぐに出会った。「父が大の野球好きでしたからね」。自力で歩けるようになった頃、すでに谷繁元信は巨人のユニホームを着て遊んでいたという。「白地に黒とオレンジのラインが入った懐かしいユニホームです。父は阪神ファンなんですけど、なぜか僕には巨人のユニホームを着せていました」と笑う。父は地元の草野球チームにも入っていた。「最初はただ付いて行って、ファウルグランドで遊んでいただけです」。どこにでもいる親子の、どこでも見られる光景。この頃はまだ、自分がプロ野球の世界に飛び込む姿など全く想像していなかった。

1977年、谷繁元信は地元の東城小学校に入学する。本格的に野球を始めたのは小学校2年生。地元の少年野球チームに入団した。のどかな地域だったが、野球は盛んで複数のチームが活動していた。「2、3年生はどこのポジションだったか記憶がないです。4年生でキャッチャー。5、6年生はピッチャーとサードでした」。攻守の要だった谷繁元信の活躍もあり、チームは強く、負けた記憶はほとんどないと言う。

「子供の頃から常に勝ちたかったです。負けず嫌いでしたから」。この「負けず嫌い」という言葉は、谷繁元信を語る上でのキーワードの一つだ。その原点は少年時代。谷繁元信の勝利への執念は数少ない敗戦がきっかけで芽生えていた。「たまに大会で負けるでしょ。そうすると、試合後に信じられないほど練習させられるんです。1時間、時には1時間半も走りっぱなし。小学生ですよ。もうそれが嫌で必死でした」と言う。負けたら辛い練習が待っていたのだ。「最初はそれが嫌で負けたくないと思いました」。勝てば天国、負ければ地獄。とにかく負けるわけにはいかなかったのだ。「ただ、しばらく後に練習が嫌というよりは、純粋に勝ちたいと思ってやるようになりました」。谷繁元信の「勝負事はとにかく勝つ」という強い意識は、ランドセルを背負っていた頃にすでに植えつけられていたのである。

野球に限らず、負けることが大嫌いだった谷繁元信。彼の名前は野球のうまさと同じくらいけんかの強さでも知られていた。「やんちゃでした」と苦笑いを浮かべる。けんかでも連勝に次ぐ連勝。しかし、一度だけ負けた。「忘れもしません。小学校2年生の時です。僕より身長も体重もあるでかい幼馴染でした。もうボコボコにやられましたね」。完敗だった。この幼馴染は野球のライバルでもあった。そして、その後の谷繁元信の進路に大きな影響を及ぼすキーマンでもあった。

恩人

1983年、東城中学校に入学。すぐに野球部に入部した。「硬式ボールを触ったのは高校から。中学校は軟式です。普通の部活でした」。ポジションは相変わらずピッチャーとサード。仲間と白球を追いかける毎日が楽しかった。才能に恵まれた谷繁元信は、ほどなくチームの中心選手となった。

しかし、2年生の9月、衝撃が走る。谷繁元信が野球部を辞めたのだ。「ちょっと他校の生徒と色々ありまして…」。腕っ節の強いやんちゃ者である。推して測るべし。「父が、辞めろと。人様に迷惑をかける者に野球をする資格はないと」。県大会に出場することはなかったものの、地区大会では好成績を収めていた東城中学野球部。谷繁元信の名前も、広島県内の高校野球関係者に認知されはじめていた時である。野球を愛してやまなかった父。しかし、厳格であった父。その父は目に余る行動をとった息子から野球を奪った。「仕方なかったです。すぐに辞めました」。完全にバットもグラブも置いた。

冬を越し、やがて春が来た。ここで転機が訪れる。中学3年生に進学する直前、谷繁元信の前に一人の人物が現れた。「少年野球チームの代表でした」。かつて所属していた少年野球チームの監督ではなく、複数のチームを取りまとめていた代表だ。代表は「お前から野球を取ったら何が残る？もう一度やり直そう」と語りかけた。谷繁元信が野球を辞めた噂を聞きつけ、わざわざ説得に来てくれたのである。「一緒にお父さんに謝りに行こう。そして、もう一度野球をさせてくれとお願いしよう」。懸命の説得だった。うなずく谷繁元信。二人は父のもとに向かった。平身低頭。何とか父の許しを得て、谷繁元信は再びユニホームに袖を通すことができた。仲間は歓迎してくれた。谷繁元信は半年間の空白を取り戻すように、グラウンドを縦横無尽に駆け回った。止まっていた針が再び動き出したのだ。

「代表はもう他界しています」。恩人は今、天国にいる。あの日、恩人が目の前に現れなければ、懸命に説得しなければ、一緒に謝ってくれなければ、今日の谷繁元信は存在していないだろう。

２０１３年5月6日、神宮球場。谷繁元信は史上44人目の２０００安打を達成した。あの夜、三塁側の内野スタンドには父がいた。父は息子の勇姿をカメラにおさめていた。そして、夜空というスタンドには、きっと恩人がいたに違いない。恩人は万雷の拍手を浴びる背番号27を温かいまなざしで見つめていたことだろう。

進学

中学3年生の冬、谷繁元信に名門から声がかかった。しかも、ひとつではない。広陵、広島商業、広島工業の3校だ。いずれも甲子園出場経験のある広島県内の強豪である。谷繁元信は消去法で志望校を選択した。

「まず、広陵が真っ先に消えました」。理由が谷繁元信らしい。「小学校の時に唯一けんかで負けた幼馴染が広陵野球部に行くと聞いたんです。同じチームは考えられなかった。倒すならまだしも、一緒に野球をするなんて絶対に嫌でした」。負けず嫌いは健在だった。かつてけんかをして、完膚なきまでにやられたあの幼馴染は、谷繁元信の進路に大きく関わっていたのだ。

次に、広島商業を消去した。「広商には日本刀を2本置いて、その刃の上を歩く練習があるという噂があったんです。そんなのやってられないと思って」と笑う。このあたりは中学生らしい。

結局、谷繁元信は広島工業への進学志望を決めた。「ちょうど中3の夏に県工（けんこう＝広島県立広島工業）が甲子園に行きましたし、強い高校に行って、自分も甲子園に出たいと思いました」。広島工業は谷繁元信が中学3年生だった1985年と翌86年に、2年連続で甲子園に出場している。当時、群雄割拠の広島県で頭一つリードしていたのだ。夢舞台への期待が膨らむ。「県工の監督には試験を受けてくれさえすれば大丈夫と言われていました」。純粋な谷繁元信はこれを真に受けた。「今思えば県立高校ですから、ある程度は試験で点を取らないと受かりませんよね。私立なら特待生もありましたが。でも、本当に試験を受けるだけでいいと思っていました。全く勉強せずに臨んで、試験ではとりあえず名前を書いて、時間もあったから、適当に空欄を埋めて…」と白い歯を浮かべる。数日後、不合格の知らせが届いた。受けるだけでは駄目だったのだ。「ショックでしたけど、仕方ないなって感じでした」と谷繁元信。動揺するかと思いきや、意外にも落ち着いていた。とはいえ、すでに3月中旬。甲子園どころか、進学先さえ決まっていない。このまま浪人生活へ突入か。

そんな時、広島工業の監督から連絡があった。「島根県にある江の川高校はどうかって。野球にも力を入れている高校だと説明がありました」。断るも何も、進学先を決めないといけない状況。二つ返事で親元を離れる決断を下した。

「今」の積み重ね

プロ25年で2900試合に出場している谷繁元信。これは野村克也氏に次ぐ歴代2位の記録だ。長く現役を続けられる秘訣を聞くと「別に長くやろうと思ってプレーしていない。ただ、その日その日を一生懸命過ごしているだけです。今やるべきことを積み重ねてきた結果が、記録につながっていると思います」と返ってくる。この「今の積み重ね」という言葉も谷繁元信を語る上でのキーワードだ。

その原点は高校1年生にあった。「もうその日をどう終わらせるかだけに集中していました」。島根県江津市にある私立の強豪・江の川高校。現在の石見智翠館高校だ。ここで谷繁元信の過酷な寮生活が始まる。1年生はとにかく練習以外の仕事が山積みだった。一日を詳しく説明してもらった。

「起床は朝6時半です。その後は2班に分かれてグラウンド整備とボール磨き。それが終わると、朝食の配膳をして、先輩を起こして、朝食を食べる。食べている時も先輩が手を挙げたら、お替わりをつぐ。食べ終わったら、食器の片づけ。それから授業です。放課後になったら、すぐに先輩の部屋にユニホームを届けます。そして、グラウンドに行って練習の準備。練習が終わったら、今度は先輩のユニホームの洗濯です。洗濯機は限られているので、同級生とは走って順番争いをするんです。洗濯が終わったら、もう一度先輩の部屋へ。そこでマッサージを頼まれたら、ひたすらマッサージ。それでようやく一日が終わります」。聞くだけでもぞっとする。これが入学以降、毎日繰り返された。とても1年後や2年後を思い描く余裕はない。1週間先さえも見えない。かといって絶対に手は抜けない。体調を崩している暇もない。ひたすら過酷な日々を乗り切るだけだった。谷繁元信は弱音ひとつ吐かず、仕事を完璧にこなしていった。谷繁元信のモットーである「今の積み重ね」はこの江の川高校1年生の寮生活が原点だった。

キャッチャーの原点

これまでに捕手として、ゴールデングラブ賞を6回受賞している谷繁元信。実績、経験は現役ナンバーワン。それでは、谷繁元信の捕手としての原点はいつだったのだろうか。

前述した通り、谷繁元信は小学校4年生の時に、捕手を経験している。しかし、「やる人がいなかっただけです」と本人が語るように、それは原点と言えるものではなかった。野球を始めた小学校2年生から中学を卒業するまで、おもにピッチャーとサードを務めた谷繁元信。彼が捕手にコンバートされたのは、過酷な毎日を繰り返していた高校1年生の春だった。「ゴールデンウィーク明けに監督からキャッチャーをやれと言われました」。名捕手への第一歩。ここが原点かと思いきや、谷繁元信はすぐに捕手を辞めている。「左ひざに水がたまったんです」。立ったり、座ったりのキャッチャー。その反復運動に耐えられず、膝が悲鳴を挙げたのだ。「キャッチャーでレギュラーをつかみかけたんですけど、断念しました」。守備位置は膝の負担が少ないファーストになった。「でも、1年から夏の大会には出ました」。守りよりも強打が持ち味だった谷繁元信。先輩を押しのけ、5番ファーストでレギュラーを勝ち取り、甲子園を目指した。しかし、予選敗退。晴れの舞台を踏むことはなかった。

「翌日から練習でした」。さすが強豪、感傷に浸っている場合ではなかった。即刻、残された2年生と1年生で新チーム結成。谷繁元信はこのタイミングで再び捕手になった。「本格的にキャッチャーを始めたのはその時からです」。小学校2年生で野球を始めて8年後の高校1年生の夏。ここが捕手・谷繁元信の原点だ。その日からキャッチング、ワンバウンド捕球、セカンド送球など捕手の基本動作を徹底的に叩き込まれた。連日の猛練習。しかしこの頃は、まだ捕手としてのリードの奥深さやインサイドワークの醍醐味を感じることもなければ、「勝つには守り」という境地にも達していなかった。

井の中の蛙 大海を知らず

捕手の仕事を探求するより、打撃向上に心血を注いでいた谷繁元信。「キャッチャーというよりバッターでした」と本人が言うように、日に日にそのバッティングは凄みを増していく。当然、新チームでは4番を任された。江の川高校は春の選抜大会こそ逃したものの、夏の島根県大会を順当に勝ち進む。そして、ついに12年ぶり2回目の甲子園を決めた。

１９８７年、第69回全国高校野球選手権大会。２年生ながら、強肩強打で注目されていた谷繁元信の全国デビューである。「バッティングに自信はありました」。大会3日目第4試合。いよいよその打棒を見せつける時が来た。対するは神奈川県代表、横浜商業。青いユニホームにアルファベットのY。高校野球ファンの間では「Y高」と親しまれている名門だ。相手に不足はない。「エースは同じ2年生の古沢というピッチャーです」。古沢直樹。激戦区神奈川を勝ち上がった好投手だった。谷繁元信は4番キャッチャーでフル出場。しかし、大舞台で屈辱を味わう。「全く何もできませんでした。確か2三振、1併殺です」。4打数無安打。谷繁元信のバットから快音は全く聞かれなかった。この試合、江の川高校は1、2番がヒットを打ち、チャンスを作ったが、4番の谷繁元信が大ブレーキ。終わってみれば0対4の完封負け。あっけなく初戦で散った。

やられたら やり返す

「悔しくてたまりませんでした」。島根に帰った谷繁元信は一心不乱にバットを振り続けた。やられたらやり返す。近寄りがたい空気を出しながら、谷繁元信は練習に打ち込んだ。辛い日々を積み重ねてきた1年の時とは違う。最上級生となり、ひたすら自己研鑽のために「今」を積み重ねていった。「天狗になっていたところを、2年の夏にガツンとやられました。そこからもう一回打撃を見直して、徹底的に振り込みました。もう朝から晩までです。やがて、徐々に手ごたえをつかんでいきました」。公式戦、練習試合と谷繁元信は本塁打を量産。ついにドラフト1位候補にまで上り詰めていった。

迎えた3年夏の島根県大会。ここで谷繁元信は伝説を残す。初戦から決勝までの5試合で何と7本の本塁打を放ったのだ。「亡くなった川上哲治さんじゃないですけど、本当にボールが止まって見える打席がありました」。高校通算42本塁打。この頃の谷繁元信は、やはりキャッチャーというよりバッターだった。「僕の野球人生の中で最も打撃の状態が良かったのが、高校3年の春から夏にかけてです。逆にプロに入ってからの方が落ちていますよ」と豪快に笑う。

谷繁元信がチームを引っ張り、江の川高校は2年連続3回目の甲子園出場。前年の雪辱を果たす時が来た。2回戦から登場した江の川高校は三重県代表伊勢工業を9対3で下す。続く3回戦は奈良県の伝統校・天理高校と対戦。臆することなく戦った江の川高校は、天理高校を6対3で撃破。島根県勢初のベスト8に進出した。準々決勝では好投手の前田幸長を擁する福岡第一高校に3対9で敗退。ここで谷繁元信の高校野球が終わった。「悔しさはありましたけど、やりきったという気持ちの方が強かったですね。自分のバッティングが通用しないとは思いませんでした」。初戦で何もできないまま終わった1年前。しかし、そこからもう一度自分自身を追いこんだ谷繁元信は、県大会で7本塁打、甲子園でもチームをベスト8に導いた。借りは返した。負けず嫌いが負け、やり返すために、今を積み重ねた日々。この1年が谷繁元信という男を一回り大きくした。

ちなみにこの年に全国制覇を成し遂げたのは広島商業。もし、谷繁元信が中学3年の時、あの日本刀の刃の上を歩く練習の噂を耳にしていなかったら、どんな野球人生を送っていただろうか。高校野球ファンの私はそんな妄想も膨らましてしまう。

Ⅲ プロフェッショナルとしての歩み

ここまで、プロに入るまでの谷繁元信の野球人生を振り返った。父の影響で野球を始め、小学校と中学校ではピッチャーとサード。才能に恵まれ、すぐに中心選手となった。高校は島根に渡り、本格的に捕手を始めたのは1年の夏。甲子園には2度出場した。ポジションの変遷は色々あるが、アマチュア時代の谷繁元信は捕手より打者としての評価が高く、本人も自信があった。性格や考え方は「負けず嫌い」と「今の積み重ね」が大きな軸となっていた。

そして、ついにプロの道に進む。ここから谷繁元信はどんな野球人生を歩んだのか。実はこの若き日の経験が監督としてのチーム作り、特に補強に関しての考え方に大きな影響を与えていた。

補強より 現有戦力の成長を

2013年オフ、各球団は補強に力を入れた。FAで選手を獲得する球団もあれば、潤沢な資金をもとに高額選手を大量入団させる球団もあった。中日もFAで小笠原道大、トライアウトで工藤隆人、森繁和コーチのルートでドミニカ人選手を複数人獲得。マネーゲームには参加せず、高額FA選手獲得からは手を引いている。かといって、若手にそのまま道を譲ることなく、外国人選手は複数人獲得している。谷繁監督に補強についての考えを聞いた。

「要りますか？　そんなに？」。私は聞き返された。「どこのポジションが手薄ですか？　たくさんいるじゃないですか」。目は鋭くなり、言葉に力が込められた。「スカウトの人が一生懸命探して採った選手たちです。みんなドラゴンズのユニホームで活躍したい、という思いでいっぱいのはずです」。高い金を出して、他球団の主力を補強する考えは毛頭ない。それより現有戦力の底上げに期待を寄せているのだ。「しかし、レギュラーは決して与えられるものではない。つかむものです。練習して、競争して、結果を出して自分でもぎ取るんです。若手には自分はどうやったら、一軍に食い込めるか、どうやったらレギュラーを取れるか、必死で考えて欲しい」。競争が大前提のようだ。

2章で詳しく述べるが、中日の歴史上、監督が変わった年のオフは補強が目まぐるしい。しかし、谷繁監督は大量補強に走らず、若手の成長に期待している。期待はしているが甘やかすつもりはない。この考えの原点は何か。

若き日々

谷繁元信は1988年のドラフト会議で大洋から1位指名を受けて入団。1年目の1989年から80試合に出場し、初ヒットや初ホームランを記録するなど順調なプロ生活をスタートさせた。当時の大洋の正捕手は市川和正だったが、谷繁元信がスタメンマスクをかぶることも少なくなかった。しかし、チームとしては最下位に沈む。

翌1990年、新しく就任した須藤豊監督は、西武から捕手の秋元宏作を獲得した。ベテランの市川和正に変わって期待の若手である谷繁元信にすんなり正捕手の座を明け渡すのかと思いきや、むしろ競争は激しくなった。実際、2年目の出場は75試合にとどまり、1年目を下回った。チームは3位。しかし、64勝66敗3分と5割を割っていた。

1991年と1992年は5位に低迷。谷繁元信も「大洋は弱かったです。入団してからは本当に苦しい順位ばかりでした」と振り返る。

そして、入団5年目の1993年に大洋ホエールズから横浜ベイスターズに球団名が変更。自らの背番号も、1から8へと変わった。この年の5月以降、谷繁元信はスタメン出場を続ける。しかし、終盤に抑えの佐々木主浩が登板すると、秋元宏作が起用された。なぜか。〈サンデードラゴンズ〉の取材に佐々木主浩はこう答えている。「谷繁はうまいんですよ。器用なんです。特にハンドリングが。だから、ワンバウンドもミットで捕りに行くんです。でも、フォークボールを投げるピッチャーからすると、体で止めて欲しかった。だから、秋元だったんです」。悔しさをにじませながら、谷繁元信は佐々木主浩に交代の理由を尋ねてきたという。

「ちゃんと説明しましたよ。お前は体で止めないからだって。すると、ひたすら練習していました。試合前も試合後も。僕が見える場所でもしていましたから、見えないところで相当していたと思います」。負けず嫌いで、今を積み重ねる谷繁元信である。激しく、厳しく自分を追い込んだことは想像に難くない。やがて、佐々木主浩の信頼を勝ち取り、谷繁元信は正捕手の座をつかんでいく。

当時、チームは新旧交替の時期に差し掛かっていた。特に１９８０年代後半から１９９０年代前半は主力の高齢化が叫ばれ、勝率も5割に届かず、ほとんどBクラス。他球団のお得意様にされていた。［表1］

内野手は高木豊、銚子利夫、清水義之、高橋雅裕など。外野手は屋敷要、山崎賢一、畠山準、宮里太、横谷彰将らだった。さらに、カルロス・ポンセ、ジム・パチョレック、ラリー・シーツ、ジョーイ・マイヤー、ロバート・レイノルズ、グレン・ブラックス、ロバート・ローズなど、

	年	順位	勝敗
大洋	１９８５	４位	57勝61敗12分
	１９８６	４位	56勝69敗５分
	１９８７	５位	55勝68敗６分
	１９８８	４位	59勝67敗４分
	１９８９	６位	47勝80敗３分
	１９９０	３位	64勝66敗１分
	１９９１	５位	64勝66敗１分
	１９９２	５位	61勝69敗１分
横浜	１９９３	５位	57勝73敗
	１９９４	６位	61勝69敗
	１９９５	４位	66勝64敗

［表１］

毎年のように外国人選手を補強していた。チームは弱く、変革期を迎えている。しかし、やすやすと若手に道は与えない。それが当時の大洋・横浜だった。[表2]

そんな中、谷繁元信はポジションをつかんだ。ドラフト会議で指名した生え抜きの若手選手が猛練習で地力をつけ、チャンスをものにしながら、レギュラーをもぎ取る。90年代前半、この息吹はチーム内に少しずつ感じられるようになった。

新時代の息吹

1992年、二人の若手内野手が頭角を現す。一人は進藤達哉。のちにゴールデングラブ賞を3度獲得した守備の名手だ。高岡商業からドラフト外で入団した進藤達哉は、巧みなグラブさばきと正確なスローイングで高橋雅浩からショートのポジションを奪い、108試合に出場した。もう一人は石井拓朗（選手名表記は当時）。やがて2432安打を放ち、名球界に入ることになる男だ。

生まれ年	当時の主力選手
1958	市川和正、高木豊
1959	屋敷要
1960	
1961	銚子利夫
1962	山崎賢一
1963	清水義之、横谷彰将
1964	高橋雅裕、畠山準
1965	宮里太
1966	
1967	
1968	
1969	
1970	谷繁元信

[表2]

石井拓朗は投手として足利工業からドラフト外で入団。1年目に初勝利を挙げるものの、プロ3年間で1勝4敗。4年目のこの年、不退転の決意で野手へ転向していた。石井拓朗は主にシーズン後半に2番サードで起用され、69試合に出場。若い芽が出始めた。

1993年には谷繁元信が114試合、石井拓朗が121試合、進藤達哉が127試合に出場。順位は5位と振るわなかったが、チームは次第に変わっていった。

そして、1994年。今度は外野の定位置をこじ開けた選手が現れた。佐伯貴弘だ。大阪商業大からドラフト2位で入団した佐伯貴弘は2年目のこの年、レフトの定位置を奪取。107試合に出場し、打率2割5分8厘、11本塁打、44打点をマークした。

1995年には、のちにハマの核弾頭と呼ばれた波留敏夫、ハマの安打製造機と称された鈴木尚典が外野のポジションをもぎ取っていく。

時を同じくして、投手陣の顔ぶれも変わっていった。野村弘樹はすでにエースに成長しており、1990年と1991年には2年連続で二桁勝利を達成。1993年には17勝を挙げ、最多勝に輝いた。また、この年には大卒2年目の斎藤隆が先発陣に加わり、8勝。高卒2年目の三浦大輔もプ

生まれ年	当時の若手選手
1969	進藤達哉、野村弘樹、五十嵐英樹
1970	谷繁元信、石井拓朗、波留敏夫、佐伯貴弘、斎藤隆
1971	
1972	鈴木尚典
1973	三浦大輔

[表3]

ロ初勝利を含む3勝を挙げている。また、ヒゲ魔人こと五十嵐英樹も新人ながら27試合に登板した。生え抜き選手によってチームの色が塗り替えられていった。［表3］

競いあった同志で 日本一

そして、1998年。ついに、その時が来た。若い芽は、大輪の花を咲かせる大きな幹へと成長していた。石井拓朗、進藤達哉のドラフト外コンビの三遊間は鉄壁だった。佐伯貴弘は勝負強さを見せつけた。波留敏夫はしぶとくつないだ。鈴木尚典はマシンガン打線の中軸で打ちまくった。投げては野村弘樹、斎藤隆、三浦大輔の3人が二桁勝利。佐々木主浩は45セーブを挙げた。横浜は見事に38年ぶりにリーグ優勝を成し遂げた。勢いは止まらず、西武との日本シリーズも制し、権藤博監督が宙に舞った。

谷繁元信は当時を振り返る。「野手では駒田さんと中根さんくらいです。他球団から来たのは」。優勝した1998年、3番ファーストには1994年にFAで巨人から移籍した駒田徳広がいた。また、近鉄から移籍した中根仁が佐伯貴弘と併用されていた。「投手は中継ぎに阿波野さんがいました」。この年、巨人から移籍した阿波野秀幸が50試合に登板し、優勝に貢献していた。「でも、先発投手陣はほとんど自前。野手も年齢の近い生え抜きばかりでした。とにかく僕たちは入団以降、苦しい順位と苦しい練習を耐えました。必死でもがいて、必死でポジションをつかんでいきました。

そんなメンバーで優勝した1998年は、一生忘れることができません。あの喜びを今の若手に味わって欲しいんです」。この経験こそ、プロ野球選手谷繁元信の揺るぎない原点だ。

しかし、「仲良くなんてなかったです。プライベートは本当にバラバラ。みんなライバルでしたから」と続ける。当時の若手たちは、互いに強烈な競争意識を持っていたという。「例えば、拓朗がマシンで打っているでしょ。あいつが終わるまで絶対終わらねぇとか。そんな感じで毎日練習していました」。異口同音。この話は佐伯貴弘2軍監督からも聞いたことがある。「あの頃は全員が競争相手でした。打撃練習でもノックでも、先に終わるつもりはありませんでした」。しかし、ユニホームという戦闘服に袖を通せば、全員が同じ方向を向き、敵にマシンガンをぶっ放した。この経験が、谷繁元信のチーム作りのベースにはある。「悔しい思いをして、練習して、食らいついて、レギュラーをもぎ取る喜び。そして、そんな仲間と優勝する喜びを味わって欲しい」。谷繁元信の目は輝いていた。

大量に選手を補強することなく、あくまで現有戦力の成長に期待する。これもまた谷繁元信の重要な理念の一つだ。その考えの原点は、1998年の横浜での優勝経験だった。苦楽ではなく、「苦」だけをともにしてきた同志と最後の最後に「楽」を味わう。その感激は筆舌に尽くしがたいという。中日の若手たちは、その喜びを味わうことができるだろうか。

2章 分析

I セ・リーグ歴代優勝チームを分析

1章で谷繁監督の理念は「守り勝つ野球で優勝を目指す」と述べた。オフェンスよりもディフェンス重視。この章ではまず過去のセ・リーグ優勝チームを分析し、ディフェンス重視の路線が正しいかどうかを検証する。また、2リーグ制分立以降の中日の歴史をひも解き、どんなチーム状態の時に勝ち、負けたのか。中日という球団の特徴を明らかにしたい。

ディフェンスか オフェンスか

プロ野球のペナントレースは、現在1シーズン144試合。この長丁場の戦いの末、見事リーグ優勝したチームには一体どんな特徴があるのか。エースの安定感、強力なセットアッパーに守護神、1、2番の高い出塁率と4番の破壊力、ベテランの奮起や若手の台頭など、リーグ優勝するチームの特徴は枚挙に暇がない。もちろん、誰もが共通して言うのは「投打のバランスが取れたチームがペナントを勝ち取る」ということ。しかし、その両方を充実させることは極めて難しい。

投手力か打力か、ディフェンスかオフェンスか。その二者択一を迫られた場合は、どちらを選択するべきなのか。ここでは過去20年間のセ・リーグ優勝チームの防御率と打率を分析し、リーグ制覇を目指すには、どちらの部門を強化するのが得策なのかを考えてみたい。ただし、防御率と打率に関しては数字そのものではなく順位で見ていく。いくらあるシーズンのチーム防御率が2点台と良くても、他チームも2点台であれば、相対的には決して良いとは言えないからだ。打率もしかり。あくまで他チームと比べて優位かどうか、相対評価でなければ意味がない。以下に過去20年間で優勝したチーム、防御率順位1位チーム、チー

年	優勝チーム	防御率１位チーム	打率１位チーム
2013	巨人	阪神（巨人は２位）	巨人
2012	巨人	巨人	ヤクルト（巨人は2位）
2011	中日	中日	阪神（中日は6位）
2010	中日	中日	阪神（中日は5位）
2009	巨人	巨人	巨人
2008	巨人	阪神（巨人は2位）	広島（巨人は3位）
2007	巨人	阪神（巨人は2位）	巨人
2006	中日	中日	中日
2005	阪神	阪神	ヤクルト（阪神は3位）
2004	中日	中日	横浜（中日は5位）
2003	阪神	阪神	阪神
2002	巨人	巨人	巨人
2001	ヤクルト	ヤクルト	ヤクルト
2000	巨人	巨人	横浜（巨人は4位）
1999	中日	中日	横浜（中日は4位）
1998	横浜	中日（横浜は2位）	横浜
1997	ヤクルト	ヤクルト	ヤクルト
1996	巨人	巨人	広島（巨人は5位）
1995	ヤクルト	巨人（ヤクルトは3位）	広島（ヤクルトは3位）
1994	巨人	巨人	広島（巨人は3位）

［表１］

ム打率順位1位チームを列挙し、その傾向を探ってみよう。[表1]

過去20年間で、リーグ優勝したチームと防御率1位のチームが一致しているシーズンは15シーズン。75％の確率だ。これを2位以上と範囲を広げれば19シーズンとなり、95％。チーム防御率とチーム成績は、ほぼ比例するといってよい。唯一1995年のヤクルトが、チーム防御率3位でリーグ優勝を果たしている。特筆すべきは、チーム防御率が4位以下で優勝したチームは過去20年間存在しないということ。リーグを制するためには、第一にディフェンスを強化することが大切なのだ。

一方、優勝チームとチーム打率1位チームが一致しているシーズンは、9シーズンで45％。これを2位以上に広げても10シーズンで50％。チーム防御率と比べれば、チーム打率は最終順位との関連性が弱いといえる。

ここで一つ注目すべき点がある。それはチーム打率1位が優勝した9シーズンのうち、防御率も1位だったチームが優勝したシーズンが6回（2009年巨人、2006年中日、2003年阪神、2002年巨人、2001年ヤクルト、1997年ヤクルト）もあるということ。これらはディフェンス、オフェンスともに他の追随を許さない圧倒的な力を持ち、高いレベルで投打のバランスが取れたチームで、決して強力なオフェンス陣が貧弱なディフェンス陣をカバーしたチームではなかったのだ。

それでは、チーム防御率が2位以下でチーム打率が1位のチームが優勝したシーズンは何回あったか。たったの3回である。（2013年巨人、2007年巨人、1998年横浜）これは全体の15％に過ぎない。やはりオフェンスよりディフェンスを強化した方が優勝する確率は高くなる。

得点と失点

ここで、反論が聞こえてきそうだ。防御率はあくまで投手の自責点。実際の失点とは隔たりがある。したがって、自責点よりも失点の方がより勝敗に直結するのではないか、と。また、打率にしても「いくらヒットを打っても点に結びつかなければ意味がない。打率ではなく得点が勝敗に深く関係してい

年	優勝チーム	失点最少チーム	得点最多チーム
2013	巨人	阪神（巨人は２位）	DeNA（巨人は２位）
2012	巨人	巨人	巨人
2011	中日	中日	ヤクルト（中日は6位）
2010	中日	中日	阪神（中日は5位）
2009	巨人	巨人	巨人
2008	巨人	阪神（巨人は2位）	巨人
2007	巨人	巨人	巨人
2006	中日	中日	中日
2005	阪神	阪神	阪神
2004	中日	中日	巨人（中日は5位）
2003	阪神	阪神	阪神
2002	巨人	巨人	巨人
2001	ヤクルト	中日（ヤクルトは２位）	巨人（ヤクルトは２位）
2000	巨人	巨人	巨人
1999	中日	中日	横浜（中日は3位）
1998	横浜	中日（横浜は2位）	横浜
1997	ヤクルト	ヤクルト	ヤクルト
1996	巨人	巨人	広島（巨人は4位）
1995	ヤクルト	巨人（ヤクルトは２位）	広島（ヤクルトは２位）
1994	巨人	中日（巨人は２位）	広島（巨人は４位）

[表2]

るのでは」という意見だ。それでは、過去20年間の優勝チームと失点が最も少なかったチーム、得点が最も多かったチームを列挙してみよう。［表2］

まず、過去20年間で優勝したチームと、失点最少チームが一致しているシーズンは14シーズン。確率は70％と、防御率1位チームに比べて若干落ちた。しかし、これを2位以上と広げれば20シーズンとなり、なんと１００％である。つまり、過去20年間、セ・リーグでは年間トータルの失点が最も少ない、もしくは2番目に少ないチームしか優勝していないのだ。

一方、優勝チームと得点最多チームが一致しているシーズンは11シーズン。一致している確率は55％と、打率1位チームとの一致確率45％と比べて、ポイントは上昇した。したがって、「ヒットを打つだけでは意味がない。得点こそが勝敗に関係する」との指摘は間違ってはいない。これを2位以上に広げると、14シーズンで70％となり、またもポイントは上昇。しかし、前述した「優勝チームと失点2位以上チームとの一致確率１００％」に比べれば、インパクトは弱いと言わざるを得ない。

また、最少失点チームと最多得点チームが同一のシーズンもチェックしておく必要があるだろう。投打ともにバランスの取れたチームが優勝したシーズンだ。これは9シーズンある。したがって、失点が2位以下で得点だけが1位だったから優勝できたチームは2つしかないことになる。２００８年の巨人と１９９８年の横浜で、全体の10％に過ぎない。投手の失点を打者がカバーして頂点に上り詰めたチームはとても少ないのだ。

このように、多少の開きはあったものの、防御率と打率、失点と得点から見れば、ディフェンスを強化した方が優勝へ近付く、という結果が得られた。野球は点取りゲームだが、点防ぎゲームでもある。どちらを選択すべきかと問われれば、後者なのだ。投手を中心にした守りの野球で「点を取るよりも点を防ぐ野球」、表現を変えれば「アウトを取る野球」を徹底した方が得策なのだ。特に中日は、２０１１年の得点が６位（打率６位）、２０１０年が５位（打率５位）、２００４年が５位（打率５位）、１９９９年が３位（打率４位）と攻撃は振るわなかったが、いずれもリーグ最少失点（防御率１位）で優勝している。広いナゴヤドームを主戦場として戦う中日。その目指すべき方向が見えてくる。

黄金時代形成のために

オフェンスよりもディフェンス強化。１章で詳しくふれたように、これが谷繁新体制の基本方針であり、過去のリーグ優勝チームの特徴を分析しても得策であることは前述した。特に中日は近年、この守り勝つ野球で11年連続のＡクラスを果たし、黄金時代を作り上げた。

では、過去に黄金時代を築き上げた球団も、やはり投手を中心にした守りの野球をしてきたのだろうか。私の世代、つまり30代後半のプロ野球ファンが黄金時代と言った時、真っ先に思い浮ぶのは「西武黄金時代」である。日本シリーズといえば「西武球場でデーゲーム」が我々世代の印象だ。ともかく西武は強かった。秋山幸二、清原和博、デストラーデの中軸は今でも史上最強なのではと、個人的には思う。脇を固める石毛宏典、辻発彦もいぶし銀の活躍を見せ、扇の要には伊東勤が座った。

あの時代の西武は強かったが、ディフェンスが良かったのか、それともオフェンスが強かったのか。それでは西武黄金時代（１９８２年～１９９４年）のチーム防御率、打率、失点、得点のそれぞれの順位とチーム最終順位を見てみよう。監督は１９８２年から１９８５年が広岡達朗、１９８６年から１９９４年が森祇晶である。［表３］

13シーズン中11回も優勝している西武。恐ろしいほどの強さであるが、この間の成績を見ると、やはり投手がチームをけん引していたことがはっきりと分かる。東尾修、工藤公康、渡辺智男、渡辺久信、郭泰源、潮崎哲也など、この時代の好投手は枚挙に暇がない。さらに、鉄壁の守備も備わっていた。

年	防御率	失点	打率	得点	順位
1982	1	1	6	5	1
1983	1	1	1	1	1
1984	2	2	6	5	3
1985	1	1	4	4	1
1986	1	1	2	1	1
1987	1	1	6	4	1
1988	3	3	1	1	1
1989	1	1	2	2	3
1990	1	1	3	3	1
1991	1	1	1	1	1
1992	1	1	1	1	1
1993	1	1	1	4	1
1994	1	1	2	2	1
82～94	1.23位	1.23位	2.77位	2.62位	1.31位

［表３］西武黄金時代の成績

黄金時代の形成にはディフェンス力がいかに大切か分かる。

中日ドラゴンズの歴史

しかし、中日ファンの中には「中日＝守り勝つ野球」という図式に違和感を覚える人がいるだろう。中日と言えば、「強竜打線」や「野武士軍団」などの言葉を連想するファンも多く、守りよりもむしろ打撃が魅力、というイメージを持っている人は少なくない。ナゴヤドーム世代とナゴヤ球場世代では中日に対する印象も異なるだろう。

それでは中日という球団は、どんな歴史を歩んできたのか。まずはプロ野球が2リーグ制に別れた１９５０年以降の中日のチーム防御率、失点、打率、得点、最終順位を見てみよう。ただし、セ・リーグが６球団になったのは１９５３年以降。１９５０年は８球団で、１９５１年と１９５２年は７球団である。参考までに当該シーズン開幕時の監督、さらに開幕投手を並べた。［表４］

[表4]

年	防御率	失点	打率	得点	最終順位	監督	開幕投手
2013	4	4	6	6	4	高木	吉見
2012	2	2	3	4	2	高木	吉見
2011	1	1	6	6	1	落合	ネルソン
2010	1	1	5	5	1	落合	吉見
2009	2	2	3	2	2	落合	浅尾
2008	3	3	6	6	3	落合	川上
2007	3	1	5	2	2	落合	川上
2006	1	1	1	1	1	落合	川上
2005	4	4	4	2	2	落合	川上
2004	1	1	5	5	1	落合	川崎
2003	2	2	3	4	2	山田	川上
2002	2	2	4	3	3	山田	山本昌
2001	2	1	5	5	5	星野	山本昌
2000	5	5	2	5	2	星野	野口
1999	1	1	4	3	1	星野	川上
1998	1	1	5	5	2	星野	山本昌
1997	5	5	6	5	6	星野	山本昌
1996	3	4	2	2	2	星野	今中
1995	6	6	5	5	5	高木	今中
1994	3	1	4	3	2	高木	今中
1993	1	1	2	2	2	高木	今中
1992	6	5	4	5	6	高木	郭
1991	2	2	2	1	2	星野	小松
1990	5	4	4	2	4	星野	西本
1989	3	3	5	1	3	星野	小野
1988	3	3	3	1	1	星野	小松
1987	3	3	3	2	2	星野	杉本
1986	4	3	6	6	5	山内	郭
1985	2	4	5	6	5	山内	小松
1984	3	3	1	1	2	山内	鈴木
1983	3	3	6	4	5	近藤	小松
1982	2	2	1	1	1	近藤	小松
1981	4	4	4	2	5	近藤	三沢
1980	6	6	4	6	6	中	藤沢
1979	3	4	2	3	3	中	星野
1978	5	5	6	6	5	中	星野
1977	3	4	2	5	3	与那嶺	松本
1976	6	5	3	4	4	与那嶺	星野
1975	2	2	1	1	2	与那嶺	松本
1974	5	5	2	2	1	与那嶺	星野
1973	3	3	3	2	3	与那嶺	稲葉
1972	2	2	6	6	3	与那嶺	水谷
1971	4	3	4	2	2	水原	伊藤
1970	5	5	4	3	5	水原	小川
1969	2	2	4	3	4	水原	小川
1968	6	6	2	2	6	杉下	小川
1967	4	4	2	2	2	西沢	小川
1966	3	3	1	2	2	西沢	山中
1965	3	3	1	3	2	西沢	柿本
1964	6	6	2	3	6	杉浦	河村
1963	2	2	3	2	2	杉浦	河村
1962	4	3	1	1	3	濃人	柿本
1961	2	3	2	2	2	濃人	板東
1960	4	4	5	2	5	杉下	伊奈
1959	4	4	2	2	2	杉下	伊奈
1958	2	2	3	3	3	天知	中山
1957	1	1	5	4	3	天知	伊奈
1956	2	2	2	3	3	野口	杉下
1955	2	2	3	4	2	野口	石川
1954	1	1	4	3	1	天知	石川
1953	3	3	3	3	3	坪内	杉下
1952	3	3	3	3	3	坪内	大島
1951	3	3	2	4	2	天知	近藤
1950	3	3	2	4	2	天知	清水

最終平均順位は2・92位

幅広い年齢で構成されている中日ファン。「ドラゴンズ＝強い」というイメージしか持っていないファンもいれば、「ドラゴンズは強かったり、弱かったり…」というファンもいる。また、「巨人さえいなければ」とアンチ巨人の思いが人一倍強い世代もいるだろう。

〈サンデードラゴンズ〉では２０１３年年末「ドラファン総選挙」を行い、視聴者の皆さんに中日のベストナインや最優秀外国人を投票して頂いた。結果は、世代によって票が分かれたように、中日球団に対するイメージもまた世代によって異なる。

ここであらためて、2リーグ制に分かれてからの中日の防御率、打率、最終成績の平均順位を年代別に並べてみた。それぞれの時代で中日はどんな野球をしてきたのだろうか。10年刻みで振り返りながら次項で分析してみよう。［表5］

年代	防御率平均順位	失点平均順位	打率平均順位	得点平均順位	平均順位
1950～1959	2.4位	2.4位	2.9位	3.3位	2.4位
1960～1969	3.6位	3.6位	2.3位	2.2位	3.4位
1970～1979	3.5位	3.8位	3.3位	3.4位	3.1位
1980～1989	3.3位	3.4位	3.8位	3.0位	3.5位
1990～1999	3.3位	3.0位	3.8位	3.0位	3.2位
2000～2009	2.5位	2.3位	3.8位	3.5位	2.3位
2010～2013	2.0位	2.0位	5.0位	5.3位	2.0位
通算					
1950～2013	3.03位	3.02位	3.42位	3.20位	2.92位

［表5］

II 中日ドラゴンズの歴史を分析

1950's 初期黄金時代

プロ野球がセ・パの2リーグ制になった1950年から1959年まで、ドラゴンズは実に10年連続でAクラスとなっている。2000年代に達成した11年連続Aクラスと並んで、この時代は中日黄金時代と言ってよい。この間、チームの平均順位は2・4位。チーム防御率平均順位も2・4位で打率平均順位が2・9位。防御率と打率でみると、中日の歴史の中で最も投打がかみ合っていた時代と言える。ただ、打率の割には、得点が伸び悩んでいた感は否めない。いずれにせよ、投手がチームを引っ張り、好成績を残していった中日初期黄金時代の1950年代を振り返ろう。

1950年、杉下茂が27勝、服部受弘が21勝を挙げるなど活躍。打線では西沢道夫がシーズン5本の満塁ホームランを放つなど奮闘し、2位となった。

1954年には天知俊一監督のもとリーグ制覇。現在では当たり前になった先発ローテーションという考え方を取り入れ、開幕時に当時のエース杉下茂にカレンダーを渡し、投げたい日に◯を付けさせた。「付けたよ。まずは先発する日に◯。でも、それだけでは終わらない。リリーフできる日にも付けたんだ」と杉下。ほとんどフル回転だった。結果、杉下茂は32勝、石川克彦が21勝、徳永喜久夫が11勝など強力な投手陣を擁し、リーグ優勝を達成。日本シリーズでも西鉄ライオンズとの死闘を制し、4勝3敗で日本一に輝いている。リーグ制覇を果しての日本一、という完全制覇はこの年が唯一である。

1957年にも中日は防御率1位に輝いている。シーズン前半は中山俊丈、伊奈努が好投。後半には肘痛から杉下茂が復帰し、4月中旬から首位をキープ。しかし、8月21日の中日球場での国鉄戦で金田正一に1対0の完全試合を達成され、勢いを止められた中日は、8月下旬に首位を明け渡し3位。巨人が優勝した。

投手が安定すると順位も良くなるという法則はこれまで何度も述べてきたが、中には好調な打線が不調な投手陣をカバーするシーズンも存在する。1959年のチーム防御率は4位と振るわなかったが、森徹が31本塁打、87打点で2冠王に輝くなど打線が活発で2位になっている。

大エース杉下茂の他、大矢根博臣、中山俊丈、伊奈努ら好投手が活躍し、優れたチーム防御率をマークした1950年代。「中日は投手が良いから強い」というイメージは、ここ最近になって付いたように思うが、その型はすでに60年以上前にあった。また、西沢道夫、森徹ら球史に残るスラッガーも台頭。優勝こそ1回に終わったが、1950年代は中日の初期黄金時代と言ってもよい。

1960's 強すぎた巨人

1960年から1969年までの10年間、チーム防御率は平均順位3・6位で失点も3・6位と振るわなかった。一方、打率平均順位2・3位、得点2・2位はともに各年代最高。典型的な「打高投低」の時代で、この間のチーム平均順位は3・4位。成績としては振るわなかった。やはり、いくら打者が打っても、投手を中心にした守りがしっかりしなければ勝てないということか。

年	チーム防御率	チーム打率	順位
1960	5	6	2
1961	3	6	1
1962	2	4	4
1963	1	2	1
1964	2	6	3
1965	2	2	1
1966	1	3	1
1967	2	1	1
1968	4	1	1
1969	5	1	1
通算			
1960～69	2.7位	3.2位	1.6位

［表6］

１９６０年代は中日投手陣にとって厳しい時代だった。それもそのはず、この時代は川上哲治監督のもと、管理野球を徹底した巨人黄金期だったのだ。チームの中心はもちろんあの二人。１９５８年入団の長嶋茂雄と１９５９年入団の王貞治だ。60年代に入り、ＯＮのバットの勢いは、とどまるところを知らなかった。それでは１９６０年代の巨人のチーム防御率順位、打率順位、最終順位を見てみよう。［表6］

巨人は10年で7回も優勝しており、平均順位は1・6位。圧倒的な強さを誇った。しかし、意外なことに、防御率平均順位は2・7位で打率平均順位が3・2位。実はこの時代の巨人は「投高打低」のチームだったのである。ここでも優勝には投手力が必要であることが裏付けられる。それにしても、ＯＮがいるのに「投高打低」とは。本当にＯＮ全盛期の巨人打線は物足りなかったのか。

よく見ると、１９６０年代後半は3年連続でチーム打率が1位となっており、打線がチームを引っ張って優勝に導いている。しかし、それまではチーム打率最下位というシーズンが3回もあるなど、10

年	打率	本塁打	打点
１９６０	長嶋茂雄	藤本勝巳（阪神）	藤本勝巳（阪神）
１９６１	長嶋茂雄	長嶋茂雄	桑田武（大洋）
１９６２	森永勝浩（広島）	王貞治	王貞治
１９６３	長嶋茂雄	王貞治	長嶋茂雄
１９６４	江藤慎一（中日）	王貞治	王貞治
１９６５	江藤慎一（中日）	王貞治	王貞治
１９６６	長嶋茂雄	王貞治	王貞治
１９６７	中暁生（中日）	王貞治	王貞治
１９６８	王貞治	王貞治	長嶋茂雄
１９６９	王貞治	王貞治	長嶋茂雄

［表7］

年間トータルでは決してチーム打率は良いと言えない。しかし、[表7]を見てほしい。1960年代の打撃3部門の受賞者を見ると、この時代の巨人打線の真の姿、そしてONの破壊力がいかに桁外れだったかが分かる。

この10年間の3部門の受賞者、のべ30人のうちONで23。全体の77%を占めている。チーム打率は良くないが、ONがタイトルを占めるシーズンが続いた10年。おそらく、中日を含めた巨人以外の球団の投手たちは「ON以外を抑えても、結局、ONに打たれる。しかも、肝心な場面で痛い目にあう」という思いをしていたのだろう。チーム全体としてヒットは多くなくても、ONが打って点にしてしまう。それがこの時代の巨人打線だったと推測できる。それを裏付けるため、1960年代の巨人の打率順位とともに得点順位を並べてみよう。[表8]

衝撃である。巨人は1960年から1966年までの7年間、チーム打率が1位になった年は1回もないのに、得点1位が実に6回。特に1960年、1961年と1964年はチーム打率6位にも関わらず、得点は1位だった。このように打率順位と得点順位が乖離するシーズンは、ヒット以外の要素が大きく関与していると考えられる。本塁打や四球、盗塁など単打以外のファクター

年	打率順位	得点順位
1960	6	1
1961	6	1
1962	4	2
1963	2	1
1964	6	1
1965	2	1
1966	3	1
1967	1	1
1968	1	1
1969	1	1

[表8]

だ。

まず、1960年、1961年と1964年、巨人は本塁打と四球がともにリーグ最多だった。1963年は本塁打、四球に加え、盗塁が153個と断トツ。柴田勲が43個、国松彰が36個を決めている。ちなみに、この年の盗塁王は50個の高木守道だった。1965年は四球がトップ。1966年のチーム打率は3位だったが、四球、犠打、盗塁がともに最多。「ONの前に得点圏に走者を」という野球だったと想像できる。「ともかくONが打つ。その他の選手はONほど打てないが、打つ以外の仕事をきっちりこなす」。これが1960年代の巨人打線の真の姿だったのだろう。

何はともあれ、1960年代は投手受難の時代だった。そんな中、果敢に巨人に立ち向かっていった中日の投手も存在した。1961年、中日は投手陣を整備し、防御率2位、順位も2位に浮上。この年は新人投手が超人的な活躍を見せる。先発、リリーフでフル回転し、いきなり35勝を挙げた剛腕、権藤博だ。「権藤、権藤、雨、権藤」のフレーズが誕生したのもこの年である。1963年も投手陣が躍動。柿本実が21勝、河村保彦が19勝、権藤博も10勝するなど勝ち星を重ね、ついに全球団に勝ち越した。しかし、優勝は巨人。悔しい2・5ゲーム差の2位だった。

1965年は小川健太郎が17勝、水谷寿伸が15勝、山中巽が12勝、板東英二が12勝と力投するものの、またも巨人が優勝し、2位に終わる。その後、66年、67年と2位。優勝に手が届きそうなところまで行くが、ことごとく巨人にさらわれていく。結局、1965年から1973年まで、巨人はＶ９を達成した。

そんなＯＮ全盛期で奮闘した中日の打者も忘れてはいけない。１９６４、65年と2年連続で首位打者になった江藤慎一、１９６７年の中暁生だ。また、１９６３年には前述の通り、高木守道が盗塁王に輝いている。

１９６０年代、中日は巨人をしのぐチーム打率を誇り、ＯＮを押しのけて首位打者に君臨したスラッガーが存在し、ＯＮに真っ向勝負を挑んだ投手もいた。歴史にもし、はないけれど、もしＯＮさえいなければ、中日は１９５０年代以上の黄金期を構築していただろう。しかし、ＯＮは存在した。巨人の壁は厚かった。結局、中日はこの10年間、1度も優勝という栄光をつかみ取れなかった。この時代の中日を応援していたファンの中には、数多くのアンチ巨人が存在すると察する。

1970's
巨人に立ち向かう

1970年代は防御率平均順位が3・8位、失点は3・8位でともに各年代最低。1960年代同様、投手が打ち込まれた。特に1970年代前半は巨人V9時代である。また、打率平均順位が3・3位で、得点は3・4位。60年代好調だった打線も、70年代は苦戦を強いられた。しかし、平均順位は3・1位。実際、10年の中で7回Aクラスに入るなど健闘している。ONが君臨する巨人に、チーム一丸となって立ち向かった1970年代を振り返ってみよう。

1970年、中日は5位に低迷。この年の前半にはショッキングなニュースが飛び込んできた。八百長試合に端を発した「黒い霧事件」に、エース小川健太郎が関与していたのだ。小川健太郎は6月3日に永久失格選手に。大黒柱を失った投手陣は立ち直れず、チーム防御率も5位と振るわなかった。しかし、翌年以降、中日は若手の台頭でAクラスに食い込んでいく。

1971年は木俣達彦、谷沢健一、大島康徳らの台頭で2位。1972年は2年目の稲葉光雄が20勝、うち巨人に6勝するなど活躍し、3位。1973年は巨人に対して敵意むき出しで投げる星野仙一が16勝、ちぎっては投げの松本幸行が14勝するなど活躍。4月28日から6月19日まで巨人戦に8連勝した。当時のヘッドコーチ近藤貞雄は「今の巨人はONを除けば、全部二流。うちの選手の方が力は上だ」とナインを鼓舞した。巨人、阪神、中日の3球団で優勝争いをしていた8月30日。中日は勢いを止められる。甲子園の阪神戦で江夏豊にノーヒットノーランを食らったのだ。延長11回、江夏豊にサヨナラ本塁打を打たれ、1対0の惜敗。結局中日は3位に終わり、巨人がV9を達成した。1957年に喫した国鉄の金田正一による完全試合同様、シーズン終盤での完敗は、一気にチームに暗い影を落とす。しかし、この年の優勝争いの経験は、翌年に実を結んだ。

1974年、中日は全員野球でリーグ優勝に輝いた。原動力は左右のエースだった。左の松本幸行は20勝9敗で最多勝と最優秀勝率の2冠。右の星野仙一は10セーブを挙げ、初代セーブ王となった。しかし、この年のチーム防御率は5位。いかにこの二人の投手がチームを引っ張ったかが分かる。また、この年のチーム打率は2位。強力な打線が、投手陣の失点をカバーした。中日が「打高投低」のチーム状態で優勝した珍しいシーズンなのだ。この年のオフに発売された中日応援歌「燃えよドラゴンズ！」の歌詞のように「一番高木が塁に出て、2番谷木が送りバント、3番井上タイムリー、4番マーチンホームラン」と見事に打線がつながった。長い巨人黄金時代に終止符を打つ中日ナインの活躍は、ファンに強烈なインパクトを与えた。この時代のファンの中には「中日は巨人に立ち向かい、巨人を倒したチーム」という共通認識があるだろう。また、中日は守りのチームではなく、打のチームだという意識も強いかもしれない。

1975年は投手陣も奮起した。鈴木孝政が21セーブを挙げ、セーブ王になるなどチーム防御率は2位。打線も相変わらず活発で、チーム打率は1位と投打がかみ合った。球団史上初の連覇へ機運も上昇。しかし、行く手を阻んだのは赤ヘル軍団だった。両軍の優勝争いの激しさは、9月10日の広島市民球場で行われた試合に象徴される。中日1点リードで迎えた9回裏2死二塁で山本浩二がヒットを放つ。二塁走者の三村敏之と新宅洋志捕手が本塁で激突。この荒々しいプレーに両軍の選手がベンチを飛び出し乱闘に。さらに、ファンも暴れだし、球場は騒然。選手の多数が負傷し、翌日の試合は中止。中日の宿舎に投石があったほどだ。結局、この年、中日は2位に終わった。

1976年、谷沢健一が首位打者、田尾安志が新人王になるなど攻撃陣は健闘したが、投手陣が崩壊。7月に星野仙一が右太ももを痛め、戦線離脱。エース不在のチームは打ちこまれ、年間被本塁打199本の日本ワースト記録を作ってしまった。チーム防御率は6位に落ち、Bクラスに沈んだ。

その後、1977年は3位、78年は5位、79年は3位と、AクラスとBクラスを行ったり来たり。この間、高木守道の2000安打達成や藤沢公也の新人王、小松辰雄の鮮烈デビューなど特筆すべき活躍もあったが、主力の故障やトレードの失敗は響き、チーム状態は一進一退を繰り返した。巨人を追いかけた1970年代序盤。巨人を追い越した中盤。そして、その反動が出た終盤、と総括できる。

1980's

野武士軍団から星野軍団へ

１９８０年代のチーム防御率平均順位は３・３位で打率平均順位は３・８位。決して良くはない。さらに平均順位は３・５位で各年代別では最低だ。つまり、80年代は中日の歴史の中で最も結果が芳しくなかった時代なのである。事実、最下位を1回、５位を４回も経験している。しかし、この時代の中日が好きなファンは多いだろう。なぜなら、強烈な印象を残す２回のリーグ優勝があったからだ。個性豊かな野武士軍団がリーグ制覇を成し遂げた過程には、記憶に残る名場面があった。闘将が導いた優勝の陰には大英断、大刷新があった。きっとこの時代には「中日は強かったり、弱かったりする。でも、好き」というファンが大勢いるはずだ。

また、この１９８０年代の中日には、注目すべき点がある。チーム打率順位が３・８位にもかかわらず、得点順位は３・０位という点だ。１９６０年代の巨人打線の時にも述べたが、打率順位と得点順位が乖離する場合は本塁打や四球、盗塁など単打以外のものが絡んでくる。狭いナゴヤ球場を本拠地としていた中日。夜空に舞う豪快な本塁打がファンを魅了していたことは想像に難くない。良くも悪くも振れ幅が大きかった80年代を回顧してみよう。

１９８０年、70年代後半から見え始めたチーム状態の衰えが、最悪の形となって表れてしまった。いきなり開幕6連敗の球団ワースト記録を更新。その後、５月、６月も低空飛行で、終わってみれば45勝76敗９分。１９５０年以降では球団最低勝率の３割７分２厘で最下位。チーム防御率も６位で、誰一人として二桁勝利を達成した投手がいなかった。中日、大惨敗の年である。

しかし、中日は１９８２年に息を吹き返す。前年に就任した近藤貞雄監督のもと、野武士軍団と言われたナインが、奇跡の逆転優勝を成し遂げたのだ。このシーズンは決して好調な滑り出しではなかった。開幕早々エース小松辰雄が右足のけがで離脱。暗雲が立ち込めたが、野武士軍団のハートは強かった。投手陣では都裕次郎が16勝、鈴木孝政が９勝、郭源治が９勝。リリーフでは３年目の牛島和彦がチーム最多の53試合に登板し、７勝17セーブと活躍。

打撃陣も勝負強さが光った。特に９月28日のナゴヤ球場の巨人戦で見せた、江川卓攻略は伝説となっている。６対２と巨人４点リードで迎えた９回裏。中日は無死満塁のチャンスをつかむと、大島康徳が犠牲フライを打ち上げ、まず1点。直後、宇野勝がレフトへタイムリー二塁打を放ち、６対４。さらに中尾孝義の２点タイムリーで６対６。難敵江川卓から４点を奪い、延長へ突入したのだ。10回裏には、２死満塁で巨人のリリーフ角三男から大島康徳がサヨナラヒットを打って、奇跡の逆転勝利を収めた。この勝利でマジック12が点灯。

そして、10月18日の横浜スタジアムの大洋戦。復帰した小松辰雄が見事完封し、近藤貞雄監督の胴上げとなった。この年のチーム防御率は2位で打率は1位。まさに投打ががっちりかみ合ったシーズンだった。日本シリーズは西武ライオンズと対決。2勝2敗で迎えた第5戦で起きた「審判は石ころ事件」もまた伝説となっている。

1983年、やはり優勝した翌年は、チーム力を維持することが難しいのか、4月、5月と負け越しスタート。その後、けが人も続出し、5位に転落。放任主義で選手の個性を引き出した近藤貞雄監督が退任し、野武士野球は終わりを迎えた。

1984年、山内一弘監督は放任主義から管理野球へ舵を切り、選手を野球漬けにした。串間キャンプの猛練習で自らを追い込んだ選手たちは、シーズンで結果を残す。都裕次郎が13勝、小松辰雄が11勝、牛島和彦は29セーブでセーブ王に輝いた。また、田尾安志、平野謙の1、2番、谷沢健一、大島康徳、ケン・モッカのクリーンアップも機能し、チーム打率は堂々の1位。チームも2位に躍進した。余談だが、ロッテ時代の落合博満GMの師が山内一弘である。やがて2000年代に監督として中日黄金時代を構築した落合博満GM。徹底した管理下で厳しい練習を課し、選手を鍛え上げ、強いチームを作り上げていくスタイルは、山内一弘の影響を受けていると言えよう。

1985年は衝撃のニュースから年が明けた。1月、田尾安志の電撃トレードが発表されたのだ。ファンからも多くの抗議が球団に寄せられた。シーズンに入ると、けが人が続出。中尾孝義、大島康徳、谷沢健一、ケン・モッカが次々に離脱した。孤軍奮闘したのは小松辰雄。17勝で最多勝、2・65で最優秀防御率、その他にも奪三振王や沢村賞などを獲得。小松辰雄の力投もあり、チーム防御率は2位と健闘したものの、相次ぐ主力の脱落で5位に低迷。「投高打低」のチーム状態で順位が振るわなかった珍しいシーズンだった。「打てなくても主力がいる状態」と「打てなくて、なおかつ主力がいない状態」では、チームに与える影響が違うのだ。

1987年、闘将・星野仙一が監督に就任。前年のオフ、4対1の世紀のトレードが行われた。中日からは牛島和彦、上川誠二、平沼定晴、桑田茂の4選手がロッテへ。ロッテからは3冠王3度獲得した落合博満が中日へ移籍した。この年、チーム防御率こそ3位に終わったが、小松辰雄が17勝で最多勝。郭源治が26セーブでセーブ王。また、ルーキー近藤真一が初登板ノーヒットノーランという衝撃デビューを飾った。チーム打率も同じく3位だが、本塁打は12球団1の168本。宇野勝が30本、落合博満が28本、ゲーリー・レーシッチが24本と、狭いナゴヤ球場で本塁打を量産した。さらに、彦野利勝、仁村徹、中村武志ら若手も台頭。この年は2位に浮上しただけでなく、チームの血の入れ替え、世代交代が鮮明になった。

1988年、再び中日は栄冠をつかむ。チーム防御率は3位と決して好成績とは言えなかったが、西武から移籍した小野和幸が18勝を挙げ最多勝。郭源治が37セーブで2年連続のセーブ王。上原晃や山本昌広もチームに貢献した。このシーズンは打線に勢いがあった。チーム打率は3位であったが、得点は1位。1974年ほどではないが、投手陣を打撃陣がカバーする形の優勝だったと言える。本塁打131本はリーグ3位であったが、二塁打227本は1位。長打率も4割1分4厘でリーグトップだった。さらに、犠打147個、四球435個はともにリーグ最多。大技、小技をうまくからめ、着実に得点していったことが良く分かる。ここでも単打以外が大きく影響している。前年に頭角を現した若手メンバーに加え、ゴールデンルーキー立浪和義、仁村兄弟ら星野チルドレンが活躍。落合博満も存在感を見せつけた。

血の入れ替えと世代交代でリーグ制覇といえば、2013年の楽天と酷似していると思うのは私だけであろうか。アンドリュー・ジョーンズ、ケーシー・マギーの新外国人を補強し、銀次、岡島豪郎ら星野チルドレンが躍動。そこに田中将大という絶対的エースの存在。野手と投手で異なるが、ルーキー則本昂大の大胆な起用は、立浪和義のそれと似ている。新人でも力があれば、信頼して使い、チームに勢いを生む。星野采配が結実した2013年だった。

1989年は3位に終わった中日。この年も打率は5位だが、得点が1位というシーズンだった。本塁打149本、犠打174個、四球436個はいずれも1位。やはり単打以外が貢献している。また、落合博満が116打点で打点王に。8月12日、巨人斎藤雅樹のノーヒットノーランを音重鎮が打ち破り、落合博満が放ったサヨナラ3ランは今も語り継がれる名場面だ。

出入りの激しかった1980年代。トータルの数字で特筆すべきものはないが、ファンの心に残る名場面があり、名選手がいた魅力的な時代だったと言える。10年間で2度の優勝を経験したのも球団史上初だった。

1990's
ナゴヤ球場からナゴヤドームへ

１９９０年代の平均順位は３・２位。防御率は３・３位で打率は３・８位。ＡクラスとＢクラスをほぼ隔年で繰り返している。この10年は80年代同様、浮き沈みが激しい。「中日は強かったり、弱かったり」というイメージを抱いているファンはこの90年代の戦いぶりが頭に焼き付いていることだろう。また、80年代同様、打率順位と得点順位が乖離している。この10年もまた本塁打など単打以外が影響したと推測できる。この時代の特徴は「防御率がＡクラスのシーズンは最終順位も必ずＡクラス、Ｂクラスの時はＢクラス」という点。このあたりから投手成績がチーム成績に影響する傾向が強くなってきたのだ。

そして、この90年代の最大のトピックはホームグランドがナゴヤ球場からナゴヤドームへ変わったということ。この変化は中日野球の質を大きく変えていく。中日64年の歴史の中で最大の分岐点といっても過言ではない。それでは、この10年間の戦いぶりを見ていこう。

１９９０年、中日は防御率５位、打率４位、最終順位４位に沈んだ。西本聖が11勝、山本昌広が10勝、今中慎二が10勝。さらにルーキー与田剛が150キロの快速球を武器に抑えとして活躍し、新人王を獲得。また、落合博満が本塁打と打点の2冠に輝くなどしたが、シーズンを通して安定した戦いができなかった。

1991年はまたも新人が躍動する。巨人との開幕戦で4番手として登板し、勝利投手になった森田幸一だ。その後も森田は快投を続け、50試合に登板。新人王に輝いた。その他、今中慎二、郭源治らが活躍し、防御率は2位。打つ方では落合博満が本塁打王になるなど打率2位と投打が久しぶりにかみ合ったが、優勝は広島。中日は2位に終わった。

1992年、高木守道監督が就任。開幕早々、強気のヒットエンドランが奏功するなど順調な滑り出しだった。しかし、好事魔多し。この年は次々に故障者が続出した。4月には郭源治の離脱に加え、今中慎二が左手首に打球を受けて骨折。また、野手も主力にけがが相次ぎ、ベストメンバーで1年を通して戦うことができなかった。何とか9月に巻き返したものの、チーム防御率6位、打率4位で最終順位も6位に沈んだ。

1993年は投打がかみ合った。1957年以来、実に36年ぶりに防御率トップに立ったのだ。その立役者は何と言っても90年代最高左腕の二人、山本昌広と今中慎二。二人はそれぞれ17勝をマークし、ともに最多勝を獲得。さらに、山本昌広は2・05で最優秀防御率、今中慎二は247個の三振を奪い、最多奪三振。さらに、沢村賞にも輝いた。打線もアロンゾ・パウエル、落合博満、種田仁、立浪和義、中村武志など中心選手がほぼ固定され、チーム打率は2位、本塁打は1位で、ヤクルトと激しい優勝争いを繰り広げた。
しかし分岐点となったのが、9月2日のナゴヤ球場のヤクルト戦。2対2の同点で迎えた延長15回裏、中日は無死満塁のサヨナラのチャンスをつかむ。ところが、ここでヤクルト内藤尚行にパウエル、落合博満、彦野利勝が三連続三振に倒れ、この試合を引き分けた。シーズン終盤での白星を落とす手痛い展開は、やはりチームに大きな影響を及ぼすのか。中日は結局2位に終わった。奇しくも防御率1位ながら優勝できなかった1957年も、大事な夏場に金田正一に完全試合を達成されている。歴史は繰り返されてしまった。

1994年は言わずと知れた「10・8」の年。当時の巨人・長嶋茂雄監督はこの世紀の一戦を「国民的行事」と名付けた。この年、山本昌が19勝、今中慎二が13勝と両エースは健在だったが、チーム防御率は3位。打線もパウエルが首位打者、大豊泰昭が本塁打と打点の2冠に輝くなどしたが、チーム打率は4位。この数字が物語るように、中日は1年間安定した戦いができていたかとはいえば、そうではない。7月中旬には首位巨人とのゲーム差は10・5に開き、8月には巨人にマジック25が点灯した。これで「今年の優勝は巨人」と誰もが思った。しかし、ここから巨人がことごとく負けていく。一方、中日は9月に怒涛の9連勝をマークするなど一気にその差を縮め、129試合を消化した時点で中日、巨人ともに69勝60敗。そして、1994年10月8日、異様な熱気につつまれたナゴヤ球場で、プロ野球史上初の最終戦同率優勝決定戦が行われた。結果は改めて書き記すこともない。立浪和義のヘッドスライディング、FA移籍した落合博満のホームラン、槙原寛己、斎藤雅樹、桑田真澄のリレー。その全てが伝説だ。

1995年は惨敗に終わった。開幕直後から故障が相次いだ。山本昌広が左ひじを痛めてリタイア。仁村徹、金村義明もけがで離脱した。投打の歯車が狂い始めた中日は黒星を重ねる。ついに6月、高木守道監督の休養が決定した。今中慎二は12勝と一人気を吐いたが、チーム防御率は6位。さらにリーグ最多被安打、最多被本塁打、最多失点と不名誉な記録も。投手陣は完全に崩壊していた。この年、4年目で30試合に登板し、3勝9敗2セーブだった落合英二は当時をこう語る。「90年代は山本さんとチュウ（＝今中のこと）が飛び抜けた存在だった。あの二人と他のピッチャーのレベルの差があまりにもあり過ぎた。俺が先発するくらいだから」。1995年、落合英二は14試合に先発している。「だから、二人がローテーションを守った年は優勝争い。どちらかが欠けると、それをカバーできる投手がおらず、チーム状態が悪くなったという印象だね」。この年、山本昌広はわずか2勝に終わっている。投手成績とチーム成績がほぼリンクしている90年代。チーム浮沈の鍵は山本昌広、今中慎二、二人の左腕が握っていた。

1996年、5年ぶりに星野監督が復帰。早速、韓国球界の至宝宣銅烈（ソン・ドンヨル）を獲得し、抑え投手を固定した。しかし、4月に出鼻をくじかれる。16日の東京ドームの巨人戦。3対0と3点リードの8回に宣銅烈が登板。マック、落合博満にホームランを打たれ、同点とされた。何とかチームは勝ったが、不安を残した。この試合に先発し、7回まで巨人打線を抑えていたのは落合英二だった。「2発はさすがにショックだったみたい。宣さんもスタートでつまずくとしんどかったのかな。その年は思うようにセーブも挙げられなかった」と振り返る。中日1年目の宣銅烈は38試合に登板するも、5勝1敗3セーブに終わった。この年、中日投手陣は今中慎二が4年連続二桁となる14勝、4年目の野口茂樹が8月の巨人戦でノーヒットノーランを記録したものの、チーム防御率は3位。ただ、この年は打線が大爆発し、チームは2位でフィニッシュ。チーム打率こそ2位だったが、パウエルが3年連続首位打者、山崎武司が39本で本塁打王に輝いた。その他、大豊泰昭が38本、ダネル・コールズが29本など打ちまくり、「強竜打線」の見出しが躍った。「中日＝強打」というイメージを持っているファンには、この年の打線が脳裏に焼き付いているに違いない。一方で、盗塁36個、失策100個はともにリーグワースト。翌年、本拠地をナゴヤドームに移し、最下位に沈んだ中日。まばゆいばかりのアーチの裏で「守れない、走れない姿」があった。

1997年はナゴヤドーム元年。両翼は91・5mから100mに、センターは119mから122mに伸びた。黒土と天然芝のグランドは全面人工芝へと変わり、屋根まで付いた。この大きな環境の変化に中日は対応できなかった。チーム防御率は5位、打率は6位。チームは最下位に転落した。山本昌は18勝で最多勝を受賞したが、今中慎二がけがで苦しみ、2勝に終わる。両輪が機能しなかった。また、本塁打が出ない。前年本塁打王の山崎武司は19本、大豊泰昭は12本などチーム全体としては64本減って115本。3年連続首位打者のパウエルは2割5分3厘に低迷した。新外国人のレオ・ゴメスと、前年苦しんだ宣銅烈は佐々木主浩に次ぐ39セーブポイントを挙げるなど持ち味を発揮したが、ナゴヤドーム元年は屈辱のシーズンだったといえる。

この年のオフ、星野監督は大胆なトレードを敢行。大豊泰昭、矢野輝弘を放出し、阪神から関川浩一、久慈照嘉を獲得。また、パウエルもチームから去った。そして、ドラフト戦略も変更した。中田宗男スカウト部長を呼び出し、「このままじゃ勝てん。投手はコントロールを重視してくれ」と要求した。97年の中日投手陣の与四球は519個でリーグワースト。与死球67個もワーストだった。被安打は1212本で4位、被本塁打は123本で3位。決して絶望的に打たれたわけではなかったのに、失点644は5位。いかに四死球で無駄な点を与えたかが分かる。「コントロール重視」という一言によって、具体的にどのように採用基準が変わっていったのか。それは3章で詳しく述べてみたい。

1998年、中日の野球は変わった。強竜打線という言葉に象徴された「打ち勝つ野球」ではなく、投手を中心にした「守り勝つ野球」にシフトしたのだ。まず、投手陣が整備された。「宮田さんが役目をはっきりさせた」とは落合英二。この年に投手コーチに就任した宮田征典は先発、抑えだけでなく、中継ぎの役割も明確にした。勝ち試合で投げるセットアッパーと負け試合で投げる敗戦処理。ロングリリーフにワンポイントなど詳細に分けた。これが奏功。新人・川上憲伸は14勝をマークし、新人王に。野口茂樹が2・34で最優秀防御率、落合英二は最優秀中継ぎ賞のタイトルを獲得した。抑えの宣銅烈も29セーブをマークするなどチーム防御率は1位になった。一方、チーム打率は5位。この年入団した「韓国のイチロー」こと李鍾範（リー・ジョンボム）が6月に死球を受け、離脱。ゴメスも左ひざを痛め、本来の力を出せなかったのが響いた。

チーム防御率が1位にもかかわらず、優勝を逃した年には必ず「シーズン終盤で痛い敗戦」があったが、この年も例外ではなかった。9月4日からのナゴヤドーム横浜3連戦。ゲーム差2の首位攻防戦だった。第1戦は1対1のまま延長にもつれ込む。10回表、2対1と勝ち越した横浜はなおもランナー2人をおいて谷繁元信。9回から登板していた落合英二の初球をたたき、2点タイムリー三塁打を放った。結局横浜はこの回に打者8人の猛攻で4点を奪い、5対1とする。その裏、中日は1点を返すものの、最後は佐々木主浩に抑えられ、5対2で初戦を落とした。ちなみに佐々木主浩は、この試合で通算200セーブを達成している。第2戦は2対2の同点で迎えた8回表に進藤達哉の決勝犠牲フライが飛びだし、3対2で横浜の連勝。第3戦は先発の野口茂樹が9回完投するも0対2で惜敗。首位攻防にふさわしい接戦続きだったが、中日は3連敗を喫した。これが響き、結局2位。ただ、前年の最下位からは一気に浮上した。たとえ打てなくても、投手が安定し、足と肩のある選手が守れば、勝つ確率が高くなることが証明された1年だった。

1999年、中日の守り勝つ野球が実を結ぶ。このシーズンは開幕戦が全てだったと言っても過言ではない。4月2日、ナゴヤドームの広島戦。開幕投手は2年目の川上憲伸だった。2対1、中日1点リードで迎えた6回表。2死二塁。打者は広島3番前田智徳。一打同点の場面で星野監督はプロ初登板のルーキー岩瀬仁紀をマウンドに送る。しかし岩瀬は、プロの洗礼を全身に浴びた。前田智徳に同点タイムリー、4番江藤智、5番金本知憲にもヒットを打たれ、1死も取れないまま3対2と逆転されてノックアウト。苦すぎるデビューとなった。しかし、中日は再逆転する。6回裏、立浪和義が2点タイムリー二塁打を放った。その後は正津英志、落合英二、宣銅烈で逃げ切り、ゲームセット。4対3で開幕戦を制した。

この劇的勝利に勢い付いた中日は、一気に開幕11連勝。19勝した野口茂樹を軸にチーム防御率は2リーグ制分立後、球団史上初の2年連続1位。また、落合英二、サムソン・リー、宣銅烈、さらに開幕戦の屈辱から立ち直り、最優秀中継ぎ賞を受賞した岩瀬仁紀の4人が盤石のリリーフ陣を形成した。

しかし、先に述べたように中日には負の歴史がある。チーム防御率1位で優勝を逃した年は、必ずと言っていいほど「シーズン終盤で痛い敗戦」を喫していたのだ。ところが、この年は違った。9月26日のナゴヤドームの阪神戦。2対4、阪神2点リードで迎えた9回裏1死一、二塁。打者、山崎武司。阪神福原忍が投じたストレートは快音とともに左翼スタンドへ消えていった。中日ファンに語り継がれるサヨナラ3ラン。中日の負の歴史にピリオドを打つ劇的な一打だった。その他、野手では開幕21試合連続安打の井上一樹をはじめ、関川浩一、レオ・ゴメス、李鍾範、ルーキー福留孝介らが活躍した。チーム打率は4位だったが、強力投手陣の踏ん張りで見事に11年ぶりのリーグ優勝を成し遂げた。

球団史に名を残す数々の選手が存在した90年代。しかし、平均順位3・2位が示す通り、決して黄金時代とは言えなかった。浮沈の鍵は投手力。ディフェンスだった。屈辱的だったドーム元年の最下位。それをきっかけに「打ち勝つ野球」を卒業し、「守り勝つ野球」へ進んだ中日。それは99年の優勝へ、そしてのちに2000年代に築き上げる黄金時代へとつながっていく。中日野球の流れがダイナミックに変わった10年だった。

2000's
黄金時代の形成

2000年代は平均順位2・3位、防御率2・5位、打率3・8位。Bクラスに沈んだのは2001年のみで、優勝2回。90年代後半から「守り勝つ野球」にモデルチェンジし、黄金時代を築いた。「中日は投手が良い。チームも強い。しかもほぼ毎年強い」というイメージはこの10年で出来上がったといってよい。失点2・3位がそれを証明している。そして、得点は3・5位と打率相応。それでは、毎年コンスタントに勝てるようになった中日の2000年代を見ていこう。

2000年、メルビン・バンチが14勝で最多勝、途中加入のエディ・ギャラードが36セーブポイントで最優秀救援、岩瀬仁紀が2年連続の最優秀中継ぎに輝くなど、投手の主要部門を中日投手陣が獲得。「さすが投手王国中日」と思われがちだが、この年のチーム防御率は5位。失点も5位で四球も2番目に多く、投手陣全体としては厳しいシーズンだった。左右のエース、野口茂樹が9勝、川上憲伸が2勝に終わったのが響いた。しかし、山本昌が11勝、正津英志が42試合、前田幸長が41試合に登板するなど奮闘。打線では立浪和義が3割3厘とチームをけん引。種田仁が代打で11打席連続出塁の日本記録を達成するなどチーム打率は2位と健闘。投手陣全体は決して盤石ではなかったが、要所で投打がかみあった。「打高投低」のシーズンで2位に入った特異なシーズンだった。

２００1年はその逆で「投高打低」。投手はチーム防御率2位と踏ん張ったものの、打率が低迷し、最終順位は5位にとどまった。投手では野口茂樹が2・46の最優秀防御率、１８７個で最多奪三振の2冠達成。リリーフ陣では岩瀬仁紀が61試合、正津英志が53試合に登板。エディ・ギャラードも29セーブを挙げた。しかし、打線の低迷は深刻だった。前年に退団したレオ・ゴメスに代わる新外国人の不調が端々に影響を及ぼした。オジー・ティモンズは83試合の出場で、２割2分8厘。ティム・アンローは4試合の出場に終わった。急きょ、シーズン途中にレオ・ゴメスを呼び戻したほどだ。バタバタは主力にも及んだ。立浪和義はセカンドとサード、福留孝介はショート、サード、外野を転々。急場をしのぐため、波留敏夫をトレードで獲得するも、李鍾範が退団。同一ポジションで最多出場したのがショートを守った井端弘和だったというのが、この年を象徴している。

結局、チーム打率は5位、得点も5位。盗塁53個、四球４２１個はともに6位。併殺打１０７個は2番目に多かった。中日の歴史上、「投高打低」のシーズンの成績は良いはずだが、１９８５年同様、いくら投手が抑えても打線に主力がいない年、メンバーが固定できない年は勝てないということだ。２００1年は単純に「打てなかった」という年ではなく、最後までチームが「落ち着かなかった」という年だった。オフには星野監督が退任。チームの改革は山田久志新監督の手に委ねられた。山田久志は「当時はちょうどチームの過渡期。レギュラーの高齢化もささやかれていた。どうやってチームを立て直すか。頭を悩ませた」と話す。チームの過渡期とレギュラーの高齢化。これらは今の中日に突き付けられた課題と酷似している。山田久志は何から着手していったのか。詳しくは5章で述べる。

2002年、FAで谷繁元信が入団。一方、これまで中日を支えてきた中村武志が横浜へ移籍。コンバートも大胆に行われ、立浪和義がサード、レオ・ゴメスがファースト、福留孝介がライトなどチームは様変わりしていく。そして、守りの軸である二遊間には若い二人を起用。ショートは井端弘和27歳、セカンドは荒木雅博25歳。アライバコンビの歴史はここから始まる。ちなみに2014年のシーズンにのぞむ中日若手二遊間候補の年齢は、次の通り。堂上直倫26歳、吉川大幾22歳、高橋周平20歳、谷哲也29歳、岩崎恭平28歳、溝脇隼人20歳、森越祐人26歳、藤沢拓斗24歳。誰がレギュラーの座をつかむのだろうか。

2002年のシーズンに戻ろう。投げては川上憲伸が12勝、3年目の朝倉健太が11勝をマーク。エディ・ギャラードが35セーブポイントで最優秀救援に輝くなどチーム防御率は2位。打線では福留孝介が3割4分3厘で首位打者になった。チームが若返り、勢いよく連勝する時もあったが、もろさを露呈して連敗する時もあり、結局3位に終わった。

2003年はトレードから始まった。山崎武司がオリックスへ、平井正史が中日へ。そして、打線強化のため現役大リーガーのケビン・ミラー獲得に乗り出したが、これは不調に終わった。代わってアレックス・オチョアが入団。投手陣は移籍組が活躍した。平井正史がチーム最多の12勝、近鉄から移籍の大塚晶則が17セーブ。また、落合英二が61試合に登板し、7勝。岩瀬仁紀は3度目の最優秀中継ぎ賞を獲得。チーム防御率は2位だった。打線では立浪和義が２０００安打を達成。福留孝介が出塁率4割1厘でリーグ1位。また、規定打席には到達しなかったが、大西崇之が３割１分３厘と打った。しかし、なかなか歯車が合わず、チームとしては5割前後を行ったり来たり。９月上旬には山田監督の解任が発表された。その後、指揮をとった佐々木恭介ヘッドコーチのもと若手が活躍。チームは結局2位でフィニッシュした。アライバコンビに加え、7年目25歳の森野将彦が台頭。89試合に出場し、２割7分1厘、６本塁打、33打点をマークした。

山田政権はわずか2年足らずで終了。しかも最後は途中解任と、忸怩《じくじ》たる思いもあるだろう。しかし、山田監督のチーム改革はのちに大きく実を結ぶ。反対、反発、反感はあったが、FA補強、トレード、コンバート、若手起用など迷いなく手を打った。過渡期のチームに施した山田流大手術。それは２０００年代中盤以降の黄金時代形成の礎となったに違いない。

２００４年、落合博満が監督に就任した。「現有戦力の10％アップでリーグ優勝、日本一を目指す」。いきなり飛び出したオレ流宣言に誰もが驚いた。それまでの歴史を振り返っても、新監督就任時には決まってFA選手や外国人の補強、トレード、解雇など大幅な血の入れ替えがあった。当然、新監督には「チームを強くしたい」という思いがある。また、「自分の色を出したい」という考えもあるだろう。落合監督本人も選手時代の１９８６年オフには4対1の大型トレードの渦中にいた。しかし、落合監督は違った。むしろ「現有戦力の10％アップ」こそがチームを強くする手段であり、自分の色だったのだ。

その言葉通り、キャンプでは選手を追い込んだ。初日の紅白戦、地獄のノック、10人同時ブルペンなど選手個々の競争心をあおり、質、量ともに豊富な練習を課した。私は２０１１年オフ、落合監督と対談した際に尋ねた。「さすがにアライバの二遊間は最初から決めていたのですか?」「いや、全く」。山田政権下で頭角を現し、レギュラーをつかみかけていた二人も他の選手と横一線だった。「では、なぜ二人をレギュラーにしたのですか?」「レギュラーにしたんじゃない。勝手になったんだ。あいつらがつかんだんだ。俺はみんなにノックを打った。あの時は二遊間の候補はいっぱいいたよ」。確かに２００４年春キャンプのサブグランドでは多くの選手の悲鳴が聞こえた。「でも、あいつらがいつも最後まで残るんだ。途中でやめるやつになんで俺がわざわざ打つ?」。落合監督は選手をノックというふるいにかけた。多くが脱落する中、二人が残った。それが井端弘和と荒木雅博だった。「レギュラーをつかむぞというやつじゃないと俺はノックを打たない。あの時のあいつらは目が違っていた」。アライバの二人には強靭な体力と底知れぬ気力があった。そして、ノックのふるいにかけられているうちに、いつしか卓越した技術を身に付けた。二人はやがて球界を代表する二遊間へと成長する。

この二人に象徴されるように、中日は投手を中心にした守りの野球でペナントを戦った。投げてはエース川上憲伸が17勝で最多勝、ＭＶＰ、沢村賞を受賞。岡本真也が最優秀中継ぎ賞に輝く。守備力も他を圧倒。川上憲伸、渡辺博幸、荒木雅博、井端弘和、アレックス、英智がゴールデングラブ賞を受賞。チーム防御率1位、リーグ最少失策でリーグ制覇を成し遂げたのだ。

２００５年、中日は横浜からタイロン・ウッズを獲得。投手力に守備力、そこに打力をプラスして球団史上初の連覇を目指した。球団史上初開幕2試合連続サヨナラホームランでスタートした中日は、この年から始まった交流戦までを20勝9敗とし、ファンの連覇への期待も膨らんだ。しかし、交流戦でつまずく。新球団の楽天にナゴヤドームで3連敗するなど15勝21敗と大きく負け越し、歯車が狂いだした。この年のチーム打率は4位。しかし、得点は６８０点で2位。これは補強の効果か。何度もみたようにこの「打率得点乖離シーズン」には、単打以外が影響している。２００５年は四球が５２４個、盗塁は１０１個で最多。荒木雅博が42個、井端弘和が22個を決めている。タイロン・ウッズ補強で長打が伸びるかと思いきや、その前に1、2番が出塁し、数多くのチャンスを作っていたことが分かる。むしろタイロン・ウッズは力みからか併殺打24個でリーグワースト。チームとしても１２３個で最多だった。また、犠打は82個で2番目に少なく、前年のスモールベースボールとは異なる野球を見せていたことが分かる。打率順位より得点順位が良くなったのはアライバコンビの粘りや、機動力が大きく関与していると思われる。

一方、投手陣はどうか。残念ながら、この年は力強さを見せられなかった。川上憲伸こそ11勝をマークしたが、山本昌は7勝、朝倉健太は5勝、ドミンゴ・グスマンは右肩痛で1勝に終わる。岩瀬仁紀が46セーブの日本記録を樹立し、ルーキー中田賢一が8勝するなどの活躍はあったが、チーム防御率は4位だった。もう少し先発投手陣が整備されていたら、もう少し交流戦で勝っていたら、と悔やまれるシーズンだった。

２００６年、中日は球団史上初めて防御率1位、打率1位の成績を収めた。得点も最多で失点も最少。この年の中日こそ最強チームだった。投げては川上憲伸が17勝で最多勝と最高勝率、１９４個で最多奪三振の3冠を達成。朝倉健太は13勝、山本昌も11勝を挙げた。また、3年目の佐藤充が球団最多タイ記録の5試合連続完投勝利を含む9勝を挙げるなどチームに貢献。岩瀬仁紀も盤石で40セーブをマークし、2年連続セーブ王。守備も安定感抜群で川上憲伸、谷繁元信、荒木雅博、井端弘和、福留孝介の5選手がゴールデングラブ賞を受賞した。打っては福留孝介が3割5分1厘で首位打者。タイロン・ウッズが47本塁打、１４４打点の2冠。前年苦しんだ交流戦も20勝15敗1分で切り抜けた。単打と長打が数多く出る中で、四球は４５４個で相変わらずリーグ最多。盗塁も73個で2位。また、前年2番目に少なかった犠打が１５５個で最多となっており、単打・長打に隠れた小技がいいスパイスになっていた。

8月にマジックが点灯。そして、10月10日、東京ドームの巨人戦。延長12回表、1死満塁で福留孝介がセンターへ勝ち越しのタイムリー。その後、タイロン・ウッズが左中間スタンドへとどめのグランドスラムをたたきこみ、涙を浮かべる落合監督と抱擁を交わした。2年ぶり7回目のリーグ制覇。油の乗り切ったレギュラー陣が持てる力を遺憾なく発揮した2006年。中日は「守り勝つ＋打ち勝つ野球」を見せつけ、他球団を圧倒した。ちなみに私が〈サンデードラゴンズ〉の司会を担当したのがこの年の春からで、ラジオ実況デビューが8月。個人的にも忘れられない年である。

2007年、前年に退団したアレックス・オチョアに代わり、韓国の安打製造機李炳圭（イ・ビョング）が入団。また、2月のキャンプ中に中村紀洋と育成契約を結んだ。中村紀洋は開幕前に支配下登録されている。この年のチーム防御率は3位だが、失点は1番少なかった。3年目の中田賢一が14勝、川上憲伸が12勝、朝倉健太が12勝とチームに貢献。岩瀬仁紀は43セーブで3年連続の40セーブ。川上憲伸、谷繁元信、荒木雅博、中村紀洋、井端弘和がゴールデングラブ賞を獲得するなど守りは安定していた。

打率は5位と低迷するも、得点は2位と健闘。この「打率・得点乖離シーズン」には単打以外が影響する。まず、四球538個はリーグ最多。タイロン・ウッズがリーグトップの121個を選んだ。盗塁も83個で最多。荒木雅博が31個で盗塁王になっている。ただし、この年は7月に好調の福留孝介が右肘のけがで離脱。荒木雅博も2度にわたって戦列を離れた。そこを救ったのが森野将彦。この年、投手と捕手を除く7ポジションを守った。

中日は阪神、巨人と三つ巴の優勝争いをしたが、最後は巨人が抜け出し、1・5ゲーム差の2位に終わった。防御率と打率を見ると、3位と5位で特別良くはなかった2007年。しかし、失点は1位、得点は2位と、総合力は高かったと言える。リーグ優勝は逃したものの、落合政権4年間で鍛え抜かれた選手たちは、勝負所で抜群の集中力を出していた。それが如実に表れたのが、この年からセ・リーグでも導入されたクライマックスシリーズである。第1ステージで阪神に2連勝。第2ステージでも巨人に3連勝し、中日は一気にクライマックスシリーズを突破。日本ハムとの日本シリーズでは第1戦こそダルビッシュ有の前に完敗するが、その後は4連勝。地元ナゴヤドームで53年ぶりの日本一に輝いたのだ。第5戦の山井大介・岩瀬仁紀のリレーで達成した完全試合は、すべての中日ファンの脳裏に焼き付いている。

2008年、中日は西武の和田一浩をFAで獲得。2002年に谷繁元信が加入して以来6年ぶりのFA補強だった。そして、福留孝介がFAでシカゴ・カブスへ移籍した。この年、中日はチーム防御率、失点ともに3位。打率、得点にいたっては6位。落合政権唯一の3位と苦しいシーズンだった。

原因の一つは北京オリンピックであろう。大事な夏場に中日の主力が日本代表として海を渡っていた。川上憲伸、岩瀬仁紀のエースと守護神。荒木雅博、森野将彦の両レギュラーを欠いた中日は厳しい戦いを強いられた。さらに北京オリンピックがメダルなしの惨敗に終わり、中日に限らず多くの代表選手が心身ともに疲弊し、その後のペナントレースに大きな影響を与えた。中日も9月に一時4位に転落したほどだった。結局、打率10傑に入ったのは森野将彦だけ。規定投球回に達した投手はゼロだった。しかし、収穫もあった。吉見一起がプロ初完投初完封。そのほか、チェン・ウェイン、川井進（現・雄太）が初勝利、浅尾拓也と高橋聡文が初セーブ、マキシモ・ネルソンが初登板、平田良介が初本塁打を放つなどその後の中日を支える若い芽が出始めたのだ。また、山本昌の200勝も忘れてはならない。

2009年、前年に台頭した若手が躍動した。開幕投手は3年目の浅尾拓也だった。新入団トニ・ブランコも、いきなり初打席初本塁打のデビュー。また、開幕2戦目では新人の野本圭が初安打本塁打を放つなどチームは好調なスタートを切った。しかし、この年はことごとく巨人に敗れてしまう。4月にナゴヤドームで、5月には東京ドームで3タテ。また、ヤクルトにも勝てず、春先に5位まで低迷した。しかし、オールスターを挟んで9連勝するなど、次第に上昇。特に開幕11連勝の川井雄太の活躍は強烈なインパクトを残した。浅尾拓也はリリーフに回り、7月には月間11ホールドの日本タイ記録（セ新）を樹立。岩瀬仁紀も着実にセーブを重ね、吉見一起は16勝で終わってみれば最多勝。チェン・ウェインは最優秀防御率賞に輝いた。打ってはトニ・ブランコが本塁打、打点の2冠。この年の中日の失点と得点はともに2位で投打はうまくかみ合っていたが、シーズン終盤でまたも巨人に東京ドームで3連敗。クライマックスシリーズ第2ステージでも巨人に敗れた。この年、ミスタードラゴンズ立浪和義と井上一樹が引退。世代交代の波が押し寄せていた。

2010's

絶頂期、そして去年の転落を糧に

2010年代に突入し、中日は絶頂期を迎えた。2010年、2011年と球団史上初のリーグ連覇達成。この4年間のチーム防御率は2・0位で過去最高。打率は5・0位で過去最低。順位は2・0位で過去最高。「投高打低」のスタイルで好結果を残している。ナゴヤドーム、接戦、シーズン終盤で強く、常に優勝争いをしているのが中日、というイメージを全国に知らしめた。しかし、昨年（2013年）そのすべてが狂う。投手王国は崩壊し、打線も不調。けが人が続出し、12年ぶりにBクラスに転落した。天国から地獄へ落ちた2010年代前半を振り返ろう。

2010年、中日は4年ぶりのリーグ優勝を成し遂げる。チーム防御率、失点が1位。打率、得点が5位。典型的な「投高打低」、守り勝つ野球で覇者となった。特に本拠地ではめっぽう強くナゴヤドーム12連勝をマークした。投手陣は被安打、被本塁打ともにリーグ最少。無失点勝利19試合はリーグ最多だった。初の開幕投手を務めた吉見一起が12勝をマークして3年連続二桁勝利を挙げたほか、チェン・ウェインはチームトップの13勝。さらに7月にはチームとして5試合連続完封勝利。岩瀬仁紀は6月に通算250セーブを達成するなど6年連続30セーブ。浅尾拓也は72試合に登板し、59ホールドポイントの日本記録を達成した。一方、攻撃はスモールベースボール。安打数1229本はリーグ最少だが、四球456個と犠打158個が最多。なんとか粘って出塁し、とにかく得点圏へ送る戦法だった。少ないチャンスを、3割3分9厘で打率4位に入った和田一浩、3割2分7厘で5位の森野将彦が返した。目の異常などで長期離脱となった井端弘和の穴は堂上直倫がカバー。シーズン12度のサヨナラ勝利を演じるなど接戦にも強く、チーム一丸となって掴んだリーグ優勝だった。

2011年、巨大地震が東北地方を襲った。とてもプロ野球を予定通り開幕する状況ではなかった。セ・リーグの開幕は4月12日にずれ込み、節電のために3時間半を超えて新しい延長イニングに入らない時間制限が設けられた。右肘の手術で吉見一起が出遅れており、開幕投手はマキシモ・ネルソン。この開幕戦をサヨナラで落とした中日は、その後も負けが込み、開幕3カードを終わって2勝6敗1分。4月下旬には最下位に転落する。しかし、ここから徐々に巻き返した。雨の豊橋市民球場で行われた4月27日の横浜戦では山内壮馬が6回降雨コールドながら、プロ初完封。交流戦に入り、平田良介の2試合連続サヨナラホームラン、岩瀬仁紀の日本新記録となる287セーブ達成など、記憶にも記録にも残るシーンが続出し、5月下旬には一気に首位に立った。しかし、7月に急ブレーキがかかる。オールスター前10試合を1勝8敗1分と大苦戦。特に神宮で勝てなかった。ただ、この10試合で唯一勝利した7月18日の巨人戦ではエンジェルベルト・ソトが初先発初勝利。シーズン終盤のキーマンの一人がデビューしていた。
オールスター明けもチーム状態が上がらない中日は、8月上旬にまたも5位転落。首位ヤクルトとは最大10ゲーム差が付いていた。「ただ、ベテランの選手のみなさんがヤクルトは落ちてくると言っていました」と浅尾拓也。落合監督も「宮本だけでしょ。過去に優勝争いを経験しているのはだから、必ず終盤にプレッシャーがかかってくると思っていた」と10月18日に放映された優勝特番で振り返っている。また、「山場は9月下旬から10月上旬。ナゴヤドームでヤクルトとの直接対決がかなり残っていたでしょ。勝負はそこだなと思っていた」。その言葉通り、中日は9月22日からナゴヤドームで行われたヤクルト4連戦を3勝1敗、10月10日からの4連戦を4連勝。ヤクルトを一気に追い抜き、連覇を成し遂げた。しかし、この快進撃は落合監督の突然の解任が起因していたに違いない。しかも発表はヤクルトとの天王山を迎えた9月22日だった。不安や動揺を力に変えた中日ナイン。その姿は勇ましかった。

2012年、17年ぶりに高木守道監督が就任した。高橋周平が3球団競合の末に入団したほか、山崎武司、川上憲伸の両ベテランが古巣復帰。落合色を払しょくするコーチ人事、ユニホームの変更など、中日に変化が生じた。開幕5連勝のあと、5連敗するなど出入りが激しかったが、序盤は首位をキープ。原動力はやはり投手陣だった。チーム防御率、失点はともに2位。エース吉見一起が13勝で5年連続二桁勝利。唯一規定投球回に達した山内壮馬が10勝をマーク。新人の田島慎二、新外国人ソーサなどリリーフ陣も活躍し、右肩痛で離脱した浅尾拓也の穴を埋めた。打線はチーム打率3位ながら、得点は4位。盗塁59個はリーグ最少。犠打は120個で2番目に少なく、併殺打は2番目に多かった。手堅いスモールベースボールから一転、高木監督はヒットエンドランを多用するなど積極策が目立った。

好調だった中日がつまずいたのは、6月29日からの東京ドーム巨人3連戦での3連敗。その後の神宮でも連敗し、首位を巨人に明け渡した。高木守道監督は「なぜ大事な巨人戦でエースの吉見を投げさせないんだ」と権藤博コーチの起用を批判。チーム内に不穏なムードが流れる。この年はなぜか関東で勝てなかった。しかし、本拠地では抜群の強さをみせた。5月から7月にかけてナゴヤドーム13連勝を記録。その後、大島洋平、平田良介、堂上剛裕、松井佑介ら若手野手の活躍も光り、巨人に食らいついたものの、結局2位で終焉。クライマックスシリーズファーストステージはブランコの劇的な逆転満塁ホームランでヤクルトを撃破。セカンドステージでは大野雄大、伊藤準規らが台頭したが、あと一歩巨人に及ばなかった。

2013年、中日は転落する。チーム防御率、失点ともに4位。打率、得点は6位。順位は4位に低迷。全ての項目がBクラスなのは1997年のドーム元年以来16年ぶりで、セリーグ全球団に負け越したのは、1968年以来45年ぶりだった。とにかく昨年はけが人が相次いだ。2月、WBC組に暗雲が立ち込める。まず、大島洋平の左肘痛が発覚。浅尾拓也も右肩を痛め、開幕絶望。山井大介も調子が上がらず、結局3人とも代表選考から落選した。その山井大介は開幕直後に登録抹消。追い打ちをかけるように吉見一起が右肘を痛めて離脱。2年目の田島慎二、前年二桁勝利を挙げた山内壮馬も痛打を浴びる。さらに、勝ち頭の新外国人ダニエル・カブレラが左ろっ骨を骨折した。中田賢一の配置転換や4年目岡田俊哉の快投、大野雄大の力投や岩瀬仁紀の安定感でなんとかしのぐが、貯金ができない。

打線は新外国人のエクトル・ルナがヒットを、マット・クラークが本塁打を放つものの、つながりが今一つ。アライバコンビが機能せず、和田一浩は併殺打を重ねる。盗塁57個は2番目に少なく、犠打98はリーグ最少。併殺打129個は最多。出塁率3割1分5厘も最低だった。ランナーが出ない。出ても送らない、走らない。最後は併殺打で終わる。得点ではなくフラストレーションだけがたまる試合が続き、ファンは球場から離れ、本拠地主催試合で200万人割れとなった。しかし、収穫もある。高橋周平が5本塁打を放つなど成長を見せ、平田良介が打率、打点、本塁打でキャリアハイを達成。岩崎恭平が54試合、松井雅人が45試合に出場するなど若手の台頭もあった。オフには山崎武司が引退。監督、コーチ、フロントの入れ替えが行われた。昨年の凋落を糧にして強い中日復活を期待したい。

III 分析から得られた強さの条件

中日が好成績を残したシーズンには、いくつかの共通点がある。それらをまとめてみよう。

強力投手陣が整備されていた

防御率、失点ともにBクラスで優勝したのは1974年のみ。やはり先発、中継ぎ、抑えなどピッチングスタッフの安定感が優勝の必要条件。特に規定投球回をクリアし、二桁勝利を挙げる先発投手が最低一人は要る。

守りが安定していた

いくら投手陣が良くてもバックのミスで失点してしまっては意味がない。投手を支える守備も重要な要素。特に本拠地がナゴヤドームになって優勝した年にはゴールデングラブ賞を受賞した選手が多くいた。

複数の主力が離脱しなかった

投手を中心にした「投高打低」のチームを作っても、主力が複数人抜けた状態のシーズンでは優勝していない。ある程度固定されたメンバーで戦うのがベター。レギュラーには卓越した技もたくましい心も必要だが、何より強い体が求められている。キャンプでの猛練習、シーズン中のケアなど身体へのアプローチがチームを左右すると言っても良い。

単打以外で攻めた

1988年のように打率は低くても得点が多いシーズンがある。確かにこの年は本塁打、二塁打が多く長打率がリーグ1位だった。しかし、犠打や四球なども最多。長打の中で小技が効いていた。

また、打率も得点も1位だった２００６年もやはり犠打、四球は最多。ナゴヤドーム時代になってからはスモールベースボールを徹底した年に好成績を残している。つまり、攻撃には「強弱」が必要で、単打以外の攻めがポイントとなる。ただし、１９７４年は例外。盗塁4位、犠打3位、四球3位で長打率が1位。打って勝った唯一のシーズンだった。

シーズン終盤で勝負強さを見せた

防御率1位で優勝できなかった年には、共通してシーズン終盤に、節目となる大事な試合で白星を逃している。１９５７年は金田正一の完全試合。１９９３年は内藤尚行の3者連続三振。１９９８年は佐々木主浩２００セーブ達成と3連敗。一方、１９９９年は山崎武司の劇的3ラン。２０１１年にはシーズン終盤でのヤクルト4連戦2回の完勝がある。ここぞという時の勝負強さが必要であり、そのためにはシーズン序盤の選手の無駄遣いは禁物だ。

3章 採用

黄金時代形成の背景を探る

前章では1950年の2リーグ制分立後の中日の歴史を振り返った。1950年代には、10年連続Aクラスという初期黄金時代を形成。その後、ONが君臨した全盛期の巨人に食い下がった60年代。追い抜いた70年代。さらに、個性的な選手が躍動した80年代。強竜打線で本塁打を量産した90年代。90年代後半には本拠地がナゴヤドームに変わり、2000年代になって11年連続Aクラスを達成するなど再び黄金時代を形成した。近年、中日の野球は明らかに変化し、「投手を中心とした守りの野球」になった。ナゴヤドーム元年の最下位が全ての始まりで、当時の星野監督は中田宗男スカウト部長を呼び出し、「このままでは勝てん。投手はコントロールを重視してくれ」と頼んだ。この言葉を境に、中日は採用基準の変更を行った。それでは一体どのように変更されたのか。

組織は「ヒト・モノ・カネ」で成り立つ。その中でも業績に大きく関わるのは「ヒト」。中日黄金時代形成の背景には、必ず採用が影響していると思われる。この章では、ナゴヤドームで最下位に沈んだ1997年以降の中日の選手採用基準について掘り下げてみたい。

期間	1950年〜1997年	1998〜2013年
防御率平均順位	3.38位	2.19位
失点平均順位	3.33位	2.00位
平均順位	3.19位	2.13位

［表1］

1997年ドラフト以降に指名された投手たち

中日が最下位に沈んだ1997年。その反省を生かし、選手採用基準を変えたのが1997年オフだった。新採用基準で入団した投手たちは、1998年以降から試合に出ている。それでは1998年から去年（2013年）までの16年間の成績と、1950年から1997年までの48年間の成績を比較してみよう。［表1］

1998年以降の中日投手陣は好成績を残している。もちろん、これには97年オフのドラフト以前に指名された投手や外国人投手、さらにトレードやFAで補強された投手の活躍も反映されている。また、センターラインを中心にした守備陣の貢献度も忘れてはいけない。したがって、一概に

1997	川上憲伸、正津英志、白坂勝史
1998	岩瀬仁紀、小笠原孝、川添将大、矢口哲朗
1999	朝倉健太、福沢卓宏、山北茂利
2000	中里篤史、洗平竜也、井本直樹、岡本真也、山崎賢太
2001	久本祐一、山井大介、高橋聡文
2002	植大輔、長峰昌司、小林正人
2003	石川賢、佐藤充、川岸強
2004	樋口龍美、中田賢一、川井進、鈴木義広、石井裕也、金剛弘樹
2005	吉見一起、斉藤信介、佐藤亮太、高江州拓哉、加藤光教　※金本明博は打者へ
2006	浅尾拓也、菊地正法、清水昭信
2007	山内壮馬、樋口賢　※赤坂和幸は打者へ
2008	伊藤準規、高島祥平、岩田慎司、小熊凌祐
2009	岡田俊哉、小川龍也、矢地健人
2010	大野雄大、武藤祐太、関啓扶
2011	西川健太郎、田島慎二、辻孟彦、川崎貴弘　※宋相勲は打者へ
2012	福谷浩司、浜田達郎、井上公志、若松駿太
2013	鈴木翔太、又吉克樹、阿知羅拓馬、祖父江大輔、岸本淳希

［表2］1997年オフドラフト以降の中日の指名投手

は言えないが、数字を見る限り、投手の採用基準変更が奏功したと言えるのではないか。

それでは実際にどんな投手が採用されたのか。改めて1997年オフ以降にドラフト指名された中日の投手を見てみよう。その後、エースや守護神、セットアッパーに成長し、チームの勝利に貢献した投手もいれば、一軍登板がないまま球界を去った投手、打者に転向した投手もいる。全ての投手が活躍できるほど、プロの世界は甘くない。[表2]

打者に転向した3投手や育成指名3投手も含めると、中日は1997年オフのドラフト以降66人を指名している。高卒、大卒、社会人卒の内訳は以下の通りだ。[表3]

打者に転向した3投手はいずれも高卒。その3人を除くと、見事に21人ずつで中日は高卒、大卒（専門学校を含む）、社会人（独立リーグ含む）を均等に採用している。また、同じく打者に転向した3人を除くと右投手が43人、左投手は20人だった。

高卒	24人	36%
大卒（専門学校を含む）	21人	32%
社会人卒（独立リーグ含む）	21人	32%

[表3]

コントロールとピッチングセンス

ナゴヤドームで最下位に沈んだ1997年オフ以降に採用された投手たち。彼らはどのような採用基準でドラフト指名されたのだろうか。2014年でスカウト歴31年目に突入する中田宗男スカウト部長に聞いた。

「星野監督の言葉は大きかったです。投手の採用基準が変わりました」。結論から言えば、中日の投手採用基準は「コントロールとピッチングセンス」を重視するようになった。身体能力、上背、球速などは二の次。中田スカウト部長は「荒削りだけどプロに入ったらコントロールが磨かれ、大成すると言いますが、そんな投手はほとんどいません。いわゆる『化けたら面白い』という素材だけの投手は採用しません。化けないですから」と言う。確かにアマチュア時代に快速球で話題になってプロに入ったものの、コントロールが修正されず、球界を去った投手は多い。

しかし、プロに入ってコントロールが良くなったという話も聞く。「それはある程度コントロールがまとまっている投手が、もう一段階上のプロレベルのコントロールを身に付けたということです。ピッチングセンスはなおさらです。プロに入って簡単に身に付くものでもありません」。いくら素材が良くてもコントロールがなければ厳しい。さらに野球偏差値ともいうべきピッチングセンスが兼ね備わっていなければ、中日では不採用なのだ。

中日には他球団が高く評価した投手をドラフト指名候補から外した過去がある。「どれだけ騒がれていても、うちの採用基準に合わなければ指名しません。極端な例ですが、他球団のドラフト1位をリストから外したこともあります」。実際に中日のリストから漏れた他球団上位指名投手を3人教えてもらったが、見事にというか、残念ながらというか、3人とも全くプロの世界で活躍していない。

「うちの採用基準が必ずしも正しいとは思いません。ただ、基準を設けないとスカウト陣の中でブレが生じ、選手の優劣が付けられないのです」。選手の優劣、つまり指名する順番だ。「最終的には他球団の動向を調査した上でドラフトに臨みます。そのためには必ず指名する順番をつけなければなりません」。指名順を決めるためにも必要な採用基準。中日のそれは、コントロールとピッチングセンスなのだ。

見極め方

それでは、中日スカウト陣はコントロールとピッチングセンスをどのように見極めているのか。球場での具体的な動きを聞いてみた。

「我々もスピードガン、ストップウオッチ、スコアブックなどは持っていきます。その辺の7つ道具は他球団と変わりません。ただ、全球をスピードガンで計測することはありません。もっと見るべきポイントがありますから、なるべく視線をグラウンドから外さないようにしています」と中田スカウト部長。中日が重視するコントロールとピッチングセンスの見極め方は、次の3点だ。

① 10球連続で見て、キャッチャーミットがどう動くか？

② 試合の流れの中で「ここは絶対四球は駄目」という状況で、四球を出すかどうか？

③　試合の流れの中で「ここは1球、けん制をするべきだ」という状況で、けん制するかどうか？

まず、1つ目。10球連続で投球を見つめ、受けるキャッチャーのミットがどう動くかどうか。これで基本的なコントロールを判断する。

「やはり、キャッチャーミットが動きまくる投手は厳しいです。例えば、外のストライクゾーンに構えて、外のボールになる。これはOKです」。際どいコースを狙ってわずかに外れている場合は問題にならない。「しかし、内のボールゾーンに構えているのに外の甘めに入って痛打される。これは駄目です」。インコースのボール球を要求されているにもかかわらず、逆コースのストライクを投げて打たれるのは論外なのだ。「当然、逆球が多い投手は印象が悪いです」。中田スカウト部長は続ける。「3者連続四球を出して、3者連続三振で0点に抑える。ボールはめっぽう速いが、投げてみないとどこに行くか分からない。でも、はまれば絶対打たれない。そういう投手は敬遠します」。中日の採用基準にブレはない。

また、10球連続というのも見逃せない。「たまたま2、3球なら捕手の構えたところに行くことはあります。ただ、10球となると難しい。5球で一人を打ち取って、打者が変わった途端にコントロールがばらつく投手もいます」。右打者は得意でも、左打者が苦手。ストレートはまとまるが、変化球がバラバラ。打者の変わり目、コースの変わり目、球種の変わり目など状況が変わった時に、どれだけ制球がまとまっているかを注視する。キャッチャーミットの動き、これが1つ目のチェック項目だ。

2つ目は、試合の流れの中で「ここは絶対四球は駄目」という状況で四球を出すかどうか。中田スカウト部長はこの点を最も重要視する。なぜなら、中日の採用基準である「コントロールとピッチングセンス」の二つを同時に見極められるからだ。

「例えば、2対0で勝っていて7回裏2死二塁。ここで相手は9番打者。これまで3打数ノーヒットとしましょう。ここは絶対四球は駄目ですよね。万が一ヒットを打たれてランナーがかえってきてもまだ1点勝っている。しかし、四球を出すと、同点のランナーを許した上に1番に回るわけですから」と具体的な状況を説明してくれた。もし、相手1番打者がその試合好調で長打力もあると仮定すると、一気に逆転される危険性が高まり、ここは絶対四球を避けなければならない場面だ。「打たれてもOK。四球はNG。とにかく9番打者勝負」が正解。野球偏差値が高ければ、これはすぐに導けるはず。あとはコントロールだ。分かっていても、ここで四球を出すようでは厳しい。こういう状況になると、中日スカウト陣はマウンドから視線をそらさない。スピードガンやストップウォッチも使用中止。その投手が点差、イニング、相手打者などを理解し、冷静でいられるかどうかを徹底的に見極める。投球だけではなく、一旦プレートを外して間を取るかなど、マウンド上での一挙手一投足を注目するのだ。「とにかくデータが好きな球団もあります。そういう球団のスカウトは我々がマウンドさばきを見ている時も、一生懸命スピードガンとスコアブックを見ていま

四球を出してはいけない場面で四球を出すか否かが、中日スカウト陣の重要なチェック項目だ。ているだろう。しかし、中日は手を止め、ピッチングセンスとコントロールの有無をチェックする。す」。おそらくデータ重視の球団のスカウトノートには、全てのボールの球速がもれなく記載され

※

3つ目は、試合の流れの中で「ここは1球、けん制をするべきだ」という状況でけん制するかどうかだ。いかにもピッチングセンスを重視する中日スカウト陣らしいポイントである。

「自分のボールに自信がある投手は、ピンチになればなるほど、どんどん打者に向かっていきます。当然、それは大事なことです。しかし、気持ちが前に行き過ぎて周りが見られないようではいけません。そういう投手はモーションが大きくなったり、投球テンポが一定になったりします」。ピンチになる。闘志に火がつく。打者に向かっていく。しかし、隙が生まれる。走られる。揺さぶられる。時にはボークを犯す。これでは不採用なのだ。

例えば、9回裏0対0。1死一塁。走者が俊足で打者が2番。相手ベンチの仕掛けどころである。「そういう場面で一塁へけん制できるかどうかです。決して素早いけん制をする必要はない。様子見のけん制でいいんです。それができない投手はいつまで経ってもできない。もし、プロに入っても、いちいちベンチやキャッチャーからけん制のサインが出ないとできません。これでは周りへの負担が大きくなります」。　投手の仕事は投げることだけではない。けん制、フィールディングなど様々な仕事がある。いかなる場面でも状況を冷静に判断し、投げる以外の動きができるかどうか、まさ

にピッチングセンスが問われているのだ。「大学時代の浅尾は球速に目が行きがちですが、そういう部分がたけていたんです」。最強セットアッパー浅尾拓也の出身大学は日本福祉大。浅尾拓也は愛知大学リーグ2部だった日本福祉大を1部に昇格させた。魅力はＭＡＸ152キロのストレート。知多の快速右腕は一気にプロのスカウトの注目の的となった。しかし、中日スカウト陣が注目していたのは、球速以上にピッチングセンス。実際、浅尾拓也は入団会見で「自分の持ち味は何か」と聞かれ、「けん制とフィールディング」と答えた。「速いストレート」と答えるに違いないと思っていた会場は拍子抜けしたが、中田スカウト部長からすると納得の答えだったのである。

球速

ところで、中日スカウト陣は球速には全く魅力を感じないのだろうか。アマチュア球界で注目を浴びるのは、今も昔もスピードボールをどんどん投げ込む投手。われわれもアマチュア投手を見る際に注目するのは「ＭＡＸ150キロ」などの球速だ。とかく「ＭＡＸはいくらなのか」を気にしてしまう。中日はスピードボールを投げる投手には興味がないのか。

「いやいや、ボールが速いのは魅力です。150キロ投げる投手がいたら、とりあえず見に行きます。しかし、試合を見て、ボールは速いけど制球はバラバラという結果だと厳しいですね」。やはりあくまでコントロールとピッチングセンスを重視している。では、逆にボールが遅くてもコントロールとピッチングセンスさえあれば良いのだろうか。

プロに入って球速は落ちる？

中日スカウト陣には球速についても一定の採用基準があった。

「我々の目安はＭＡＸで１４０キロ中盤です。やはりそれくらいを投げられて、ある程度コントロールがまとまっている投手がドラフト候補になってきます」。球速は二の次と思われる中日スカウト陣だが、意外に球速のハードルも高い。さらに中田スカウト部長は「ＭＡＸが１３５キロくらいでは難しいでしょう。ただし、スピンが効いていれば大丈夫です。ベテランの山本昌。若い西川もそのタイプ。投げたボールの回転数が多くて、打者の手元でも球威が落ちない投手は問題ありません。しかし、そうでなければ、１４０キロ中盤は欲しいです」と明確に数字を出して説明する。

では、なぜＭＡＸ１４０キロ中盤にこだわるのか。理由を聞いた。「それははっきりしています。プロに入って球速は落ちるものだからです」。驚きである。何とプロに入って球速が落ちると明言したのだ。「ほとんどの投手はアマチュア時代のＭＡＸが人生のＭＡＸ。だから、アマ時代に１４０キロ中盤は欲しい。それくらい投げられる素質があれば、プロに入って球速が落ちても１４０キロは投げられますから」。

私はプロに入って球速は上がるものと思い込んでいた。しかし、中田スカウト部長はそれを否定した。「確かにハードなトレーニングを積めば、多少ボールが速くなる投手もいます。でも、多少です。大半はプロに入ってストレートの球速が落ちます。というか、落とすんです」。最後の言葉がポイントである。ほとんどの投手はプロに入って球速が「落ちる」のではなく球速を「落とす」のだ。なぜか。

「コントロールを良くするためです。プロに入って好打者と対戦を重ねると、やみくもに腕を振って速いボールを投げ込むより、少し球速を落としてでも自分が思ったところ、キャッチャーが要求したところに投げた方が相手を打ち取れる確率が高いことに気付くんです」。プロで活躍する秘訣はどうやらここだ。「いくら速くても真ん中に来ればあっさり打たれます。また、剛速球を求めてひたすら腕を振り続ける投球スタイルだと、コントロールが乱れるだけでなく、長いイニング持ちません」。

アマチュア時代は速いだけで通用したかもしれない。しかし、プロは違う。したがって、「速いオンリー」から「やや速い＋コントロール」というモデルチェンジが必要なのだ。となると、やはりMAXが１３５キロで特別回転数も多くないボールを投げる投手はリストから外れてくる。「MAX１３５キロの投手が球速を落とすと１３０キロになり、プロで通用するレベルではなくなりますから」。この10キロの差が大きい。

伸びしろ

ところで、気になる言葉がある。「伸びしろ」だ。ドラフト取材では頻繁に中田スカウト部長からこの「伸びしろ」という言葉を聞く。去年指名した阿知羅拓馬についても「谷繁監督が角度のある投手が欲しいということで指名しました。また、彼にはまだまだ伸びしろがあるので期待しています」と話していた。私のイメージは「伸びしろ＝球速」だ。「伸びしろに期待する」という言葉は「球速アップを期待する」と同義語であり、「アマチュア時代のＭＡＸが人生のＭＡＸ。プロ入り後は球速を落とす」という言葉とは矛盾する。

この疑問に中田スカウト部長は即答した。「伸びしろというのはトータルの成長のことです。球の速さではなく、体力、コントロール、駆け引き、球種などピッチャーとしてトータルで成長しそうだという意味です」。一年間活躍できる体力、プロレベルのコントロール、打者との駆け引き、打ち取れる決め球などが身に付き、「勝てる投手になれそう」というのが伸びしろであり、「球が速くなりそう」ではないのだ。

いますぐ2軍で

ここまでの中田スカウト部長の話で、中日が採用する投手は、コントロールとピッチングセンスがあり、なおかつ140キロ中盤のストレートが投げられる投手だということが分かった。「要は今すぐ2軍の試合に出られるかどうかです」と中田スカウト部長。中日が求める投手は「化けたら、3年後に1軍」という素材型ではなく、「今すぐ2軍」という実践型の投手なのだ。「まずは2軍の試合に投げられないと、次のステップに進めません」。いくらブルペンで速いボールを投げても、マウンドでストライクが取れないようでは、箸にも棒にもかからない。そんな投手は1軍に上がるチャンスさえないというのが中日スカウト陣の考え方だ。今すぐ2軍で投げられるレベルで、さらに伸びしろを感じられる投手なら、迷わず指名。スカウト用語でいうところの「採《と》り」なのだ。

もう一つの採用基準

しかし、ここで反論もあるだろう。「今すぐ2軍」と言いながら、中日はケガをしている選手を多く採用しているではないか、と。今すぐどころか、入団1年目はリハビリで終わる投手の採用が目立っている。それについて中田スカウト部長はこう説明した。「確かにケガをしている投手に関しては今すぐとはいきません。言い換えるなら、ベストな状態ならすぐ2軍で投げられるということです」。当然、スカウトは注目投手の状態を何年も見ており、ベストな状態を把握している。ケガさえ治ればすぐに2軍で投げられると判断した場合、やはり「採《と》り」なのだ。しかし、不安はないのか。「ないです。中日球団のトレーナーが素晴らしいからです。リハビリについての知識も豊富です。また、病院関係者にも幅広い人脈があります。当然、完治不可能であれば敬遠しますが、治る可能性があるならば、うちは思い切って指名します」。

去年、二桁勝利を挙げた大野雄大もケガをした状態での入団だった。佛教大学4年の時、大野雄大は左肩を痛め、リーグ戦の登板を回避。他球団の評価は急落した。しかし、中日は堂々と単独1位指名。1、2年目は苦しんだものの、3年目に才能が開花。大野は昨シーズン25試合に登板し、10勝10敗。規定投球回もクリアした。ちなみにその年の大卒1位指名投手の巨人・沢村拓一は34試合に登板し、5勝10敗。西武の大石達也は37試合0勝5敗。日本ハムの斎藤祐樹は1試合0勝1敗。広島の福井優也は12試合0勝3敗だった。

「吉見、小熊は右ひじを痛めていましたし、高橋聡文は肩も腰もけがしていました。でも、治れば大丈夫と確信していました」。これは投手に限ったことではない。「平田も高校3年の秋に右肩をやりました。おととし指名した古本は目。大島はあまり表に出ていませんが、社会人時代の試合中にスライディングキャッチをしてグラブをはめている右手の手首を骨折したんです。それで他球団の評価が一気に落ちました。だから、あんないい選手を5位で取れたんです」。

実力さえあれば、けがは問題にしない。それが中日スカウト陣のもう一つの採用基準と言える。しかし、勇気がいる。ためらいはないのだろうか。

「落合英二が原点です。彼の成功がなければ、今でもけがが人の指名をためらっていたでしょう」。

1991年、日大のエースだった落合英二はリーグ戦の試合中に右ひじを骨折した。「ユニホームが破れるような音がした」と当時を振り返る。ドラフト指名どころか選手生命を危ぶむ声も聞かれたほどだったが、中日は1位指名。実際、1年目はリハビリの毎日だった。キャンプ初日は岡山県の病院で迎えた。そこから地道なトレーニングを重ね、やがて中日黄金時代を支える名セットアッパーに成長したのである。

モデルチェンジの好例

さて、話をモデルチェンジに戻そう。アマチュア時代は速球投手でも、プロ入り後にコントロール投手へモデルチェンジした代表的な投手が中日にいる。

「吉見です。彼はもともと148キロくらい投げていました。でも、プロに入ってコントロールの重要性に気付き、少し球速を抑えて際どいコースに投げ分ける方が勝てると分かったんでしょうね。うまくモデルチェンジしたと思います」。今や球界を代表するコントロールピッチャーになった吉見一起も、アマチュア時代は快速球で鳴らしていたのだ。

金光大阪高校時代、速球を武器に3年春に選抜甲子園に出場。トヨタ自動車に進んだ後も直球の勢いは衰えず、本人も自信があった。むしろ、トヨタ自動車の大先輩古田敦也に「君のカーブは使えない」と言われたほど。「売り」は変化球ではなく、ストレートだった。その吉見一起は社会人時代に右ひじを手術。故障を抱えたまま、中日に入団した。1年目のキャンプでは右ひじの状態を上げるのが最優先で、自分のピッチングスタイル確立など考える余裕はなかった。

1年目の9月、吉見一起は広島戦でプロ初登板。横浜戦ではプロ初先発で初勝利を挙げたが、1軍登板は4試合に終わる。2年目も5試合に登板しただけで未勝利。主な登板は2軍戦だった。1年目の吉見一起は2軍戦で17試合に登板し、3勝7敗。4月の初先発以降、全く勝てず、5連敗している。2年目は14試合に登板して5勝6敗。2年連続で負け越した。

「入団当初の2軍戦はスピードにこだわっていました」と吉見一起。投手には登板後スコアラーからチャートが配られる。チャートとは球種、コース、球速、結果などが一球ごとに書かれている表のことで、当日の投球内容をチェックする重要な資料だ。「僕、球速ばっかり見ていました」と笑う。一球目から球速の項目ばかりを目で追いかけ、どれだけ速い球が投げられたかで一喜一憂していた。「よっしゃ、今日は148まで出ている！　とか、145キロ以上が5球しかないとか、そんなことばかり気にしていました。コースなんかほとんど無視でしたね」。コントロールを身上にする吉見一起とは思えない発言である。ただ、この頃の吉見一起は決してコントロールが悪かったわけではない。1年目は2軍で17試合96イニングを投げて四球は15個。敬遠1個を除けば14個。1試合平均0・8個。6・9イニングに1個である。2年目は14試合83回1／3を投げ16個。1試合1・1個。5・2イニングに1個と安定している。本人はさほどコントロールを意識していなかったが、制球は良かったのだ。さすが中日の採用基準を満たした男である。

モデルチェンジのきっかけ

そんな吉見一起が頭角を現したのは3年目、2008年のシーズンだった。キャンプ、オープン戦と結果を残し、開幕1軍をゲット。その後、先発、中継ぎとフル回転し、この年自身初の二桁勝利を挙げている。「このシーズンで気付いたんです。速いボールを投げても駄目。抑える確率を高くするためにはコントロールだな、と」。吉見一起のモデルチェンジはこの年にあった。

「ナゴヤドームでした。あっさり打たれたんですよ」「確か1―1からの3球目です。ものすごく指にかかったストレートでした。おそらくプロに入って1、2の球です。谷繁さんのミットはアウトコースいっぱい。それがちょっとだけ中に入ったんです。でも、球威で絶対抑えられると思いました。それがあっさり」。打球はレフト線へ。二塁打を打たれていた。

吉見一起の記憶をもとに調べてみると、確かにそのシーンはあった。2008年4月6日、ナゴヤドームの中日―ヤクルト戦。この日、吉見一起は先発していた。3対0と中日リードで迎えた4回表1死無走者。ここが問題の場面である。確かにカウントは1―1。吉見一起の記憶通りだ。「本当にコツンって感じでした。こっちは手ごたえ十分のまっすぐなのに、いとも簡単に打たれました。ショックでした」。渾身のストレートは弾き返された。1死二塁。セカンドキャンバスで静かにバッティンググラブを外す男がいた。青木宣親だった。「あの青木さんのツーベースがきっかけです。いくら速いボール投げても、コースを間違ったら一流選手は抑えられないと思いました」。

吉見一起のモデルチェンジの契機はこの一打だった。しかし、吉見一起はショックを引きずらず、このピンチを冷静に切り抜けている。それどころか、この日の吉見一起はスコアボードに0を並べ続け、プロ初完封を成し遂げていた。

成功の中に隠れた失敗。この隠れた失敗からの学びが、その後の大きな成功へとつながっている。大事なのは「気付くこと」なのだろう。プロの世界で生きる術を自分で気付けるかどうか。これにもピッチングセンスが影響しているようにも思う。いまや天才的なコントロールの持ち主と評される吉見一起。その彼に生きる術を気付かせたのは、天才的なバットコントロールを持つ青木宣親だった。

数字で見る中日投手陣

中日の投手採用基準は、コントロールとピッチングセンス、さらにMAX140キロ中盤のストレートを投げられることだった。それでは、実際にその基準で入ってきた投手は、その後どんな活躍を見せたのか。具体的な数字で見ていこう。1997年オフのドラフトで入団した投手が登板したのは1998年から。したがって、1998年から2013年までの成績を見ていく。まず

チーム防御率平均順位	
中日	2．19位
阪神	2．56位
巨人	2．81位
ヤクルト	3．69位
DeNA	4．75位
広島	5．00位

チーム最終平均順位	
中日	2．13位
巨人	2．19位
ヤクルト	3．50位
阪神	3．63位
DeNA	4．75位
広島	4．75位

[表4．5]

はチーム防御率平均順位だ。［表4］

やはり中日はこの16年間、安定した投手成績をおさめている。中日スカウト陣の採用基準の変更は成功したと言える。ちなみにこの16年間のチームの最終順位の平均は以下の通りである。［表5］

1997年に最下位に転落して以来、中日は見事に巻き返し、この16年間で最も安定した成績を残している。前章で振り返ったように広いナゴヤドームを本拠地とする中日は、投手を中心にした守り勝つ野球を展開。スモールベースボールを徹底し、他球団を頭一つリードしている。

次に好成績だったのは、チーム防御率3番目で打線も強力な巨人だ。巨人は本塁打の出やすい東京ドームを本拠地にするだけに空中戦は大歓迎。巨人が優位にペナントレースを展開するためには投手はもちろん、長打が期待できる野手を採用する必要もあるのだろう。

3番目は防御率順位と最終順位がほぼ同じのヤクルト。投手陣の整備が今後のチーム浮上の鍵を握っているようだ。

意外なのは阪神。防御率平均順位は2.56位と2番目に良かったにもかかわらず、最終平均順位は4番目。貧打に泣くシーズンが多いと推測できる。阪神の本拠地である甲子園も本塁打が出にくい。投手陣は安定しているだけにスモールベースボールへの転換が望ましいのかもしれない。その場合、単打だけではなく四球を選ぶ選球眼、犠打を決める確実さ、盗塁できる足を持った野手の採用が必要。もしくは独特の浜風が吹く甲子園である。左ではなく右の長距離砲を採用、補強、育成するべきかもしれない。

ＤｅＮＡと広島は、投手陣の不調が順位に反映されているのが明らか。広島は去年10勝投手を4人輩出し、16年ぶりのＡクラスに入った。やはり投手陣の立て直しがチーム順位を押し上げる大きな要因となっている。この両チームは、毎年好投手を複数人指名してもよいだろう。

コントロールの検証

次に、コントロールを検証したい。98年から２０１３年までの与四死球の数を見てみよう。［表６・７］
中日の与四球は巨人に次いで２番目に少なく、与死球はセリーグで最も少なかった。与四死球トータルでは巨人が６３２９個、中日が６４５２個。巨人にトップの座を譲ってはいるが、コントロールを重視して採用しただけに、四死球から崩れるという陣容ではないことが分かる。

与四球（故意を除く）	
巨人	5,545個
中日	5,708個
ＤｅＮＡ	6,268個
ヤクルト	6,284個
阪神	6,338個
広島	6,567個

与死球	
中日	７４４個
広島	７７０個
巨人	７８４個
ＤｅＮＡ	８１１個
ヤクルト	８１２個
阪神	９１５個

［表6．7］

バッテリーの安定感

次に暴投、ボーク、さらに捕手のミスである捕逸の数字。[表8～11]これは投手だけでなく捕手も関係してくるが、投手のコントロールやピッチングセンスを検証する参考材料にしたい。

中日の投手陣は低めに投げている印象があるが、暴投は2番目に少ない。低めのコントロールがよいことも考えられるが、捕手が懸命に身をていして止めているのだろう。また、ボークは最少。中日投手陣はランナーを背負っても動じることがないようだ。暴投とボークと捕逸を足した数も2

[表8.9.10.11]

暴投	
DeNA	563個
中日	585個
巨人	627個
広島	661個
阪神	692個
ヤクルト	753個

ボーク	
中日	41個
DeNA	69個
ヤクルト	71個
巨人	84個
阪神	89個
広島	101個

捕逸	
DeNA	100個
巨人	120個
ヤクルト	123個
中日	129個
阪神	131個
広島	137個

暴投＋ボーク＋捕逸	
DeNA	732個
中日	755個
巨人	831個
広島	899個
阪神	912個
ヤクルト	947個

番目に少なく、バッテリーミスを心配することはない。

ところで、バッテリーミスが最も少ないのがDeNAである。暴投と捕逸が最少でボークも2番目に少ない。ちなみに四球も3番目に少なかった。非常に安定したバッテリーのように思う。バッテリーの安定はそのままチームの好成績へ直結するはず。しかし、DeNAの最終平均順位は4・75位。広島と並んでリーグ最低だ。これはどういうことか。

その謎は後述の被安打、被本塁打、失点、自責点、無点勝利の数を見れば解決する。何とDeNAは全ての項目で最下位なのだ。つまり、DeNA投手陣は低めのコントロールが良いのではなく、そもそも低めに投げていない。むしろ甘いコースへ多く投げており、痛打されているのだ。バッテリーミスが少なくて打たれているという事実は、コントロールが良いのではなく、むしろ甘いことを裏付けている。

打たれない中日投手陣

それでは被安打、被本塁打を見てみよう。［表12・13］野球は投手と打者の力勝負。コントロールやピッチングセンスに重きを置いて採用された中日投手陣は、相手打線を抑えることができたのか。

中日の被安打はセ・リーグ最少。中日投手陣はコントロールとピッチングセンス重視で結果を残している。また、ナゴヤドームの広さも影響して被本塁打が阪神に次いで少ない。その差、16年間でわずか21本。僅差である。一方、巨人とは360本差で、DeNAとは実に629本差である。投手力、そして相当な球場アドバンテージがあるといってよい。ただし、本塁打を「打たれない」は「打てない」にもつながる。再三繰り返すが、中日は今後もスモールベースボールを徹底すべきだ。

阪神は中日に負けないくらいの強力投手陣を持ち、本塁打の出にくい甲子園を本拠地としているだけに、スモールベースボールへの早期転換を推奨したい。

被安打	
中日	19,394本
阪神	19,517本
巨人	19,598本
ヤクルト	19,919本
広島	20,569本
DeNA	20,709本

被本塁打	
阪神	1,752本
中日	1,773本
巨人	2,133本
ヤクルト	2,220本
広島	2,313本
DeNA	2,402本

[表12. 13]

味方のミスをカバーする

失点と自責点を見てみよう。［表14・15・16］自責点とは、投手が出した走者を投手が打たれて奪われた点のこと。全ての責任が投手にある。一方、失点は味方の失策などが絡んで奪われた点、つまり投手に責任がない点も含まれる。したがって、失点から自責点を引いた数字が小さければ小さいほど、投手が味方のエラーをカバーしたとも言える。中日投手陣は持ち前のコントロールとピッチングセンスを発揮し、失点を防いできたのだろうか。

中日は失点、自責点ともに最少である。そもそも被安打が最少で、被本塁打も阪神に次いで少ない中日投手陣。その能力の高さからすれば当然だ。注目すべきは失点ー自責点も最少であること。つまり、中日投手陣が味方のミスをカバーしているのだ。守備陣のエラーでピンチを招いても動揺することなく、冷静に相手を打ち取っていると言える。ここでもコントロールとピッチングセンス重要視採用が、見事に結果となって表れている。

［表 14. 15. 16］

失点	
中日	8,393点
阪神	8,701点
巨人	8,909点
ヤクルト	9,407点
広島	10,149点
DeNA	10,157点

自責点	
中日	7,684点
阪神	7,802点
巨人	8,068点
ヤクルト	8,625点
広島	9,068点
DeNA	9,309点

失点ー自責点	
中日	709点
ヤクルト	782点
巨人	841点
DeNA	848点
阪神	899点
広島	1,081点

そしてまた阪神が登場する。阪神は失点も自責点も中日に次ぐ成績にもかかわらず、失点―自責点が5番目。つまり、投手が味方のミスをカバーしきれていないのだ。もしくはタイムリーエラーが多いのか。「投・打」ではなく「投・守」のかみ合いがチーム浮上の鍵を握っているといえそうだ。

強力投手陣の証

最後に無点勝利試合の数を挙げてみる。［表17］　相手打線を0点に抑えて勝った試合数だ。コントロールに狂いがなく、ピンチでも冷静で、味方のミスもカバーしている中日投手陣。また、先発、中継ぎ、抑えの各セクションに役者が揃う中日投手陣。やはり無点勝利試合数も断トツだった。この数字は中日投手陣が強力であることの証だ。

守備の貢献

最後に野手の活躍も記述しておこう。中日は投手力が傑出していることは十分述べた。ここではバックで守る野手のチームへの貢献度を見ることにする。まずは1998年以降の失策数を列挙した。［表18］

無失点勝利	
中日	227回
阪神	193回
巨人	174回
広島	157回
ヤクルト	150回
DeNA	136回

失策	
中日	1,098個
ヤクルト	1,099個
巨人	1,163個
阪神	1,206個
DeNA	1,222個
広島	1,532個

［表17. 18］

わずかな差ではあるが、中日が過去16年間で最少。強力投手陣を強力守備陣が支えていたことが分かる。次に1998年以降のゴールデングラブ賞の受賞人数を見てみよう。

受賞者は中日が最多。また、ポジション別でみると、投手、捕手、二遊間の受賞が多い。また、外野手も守りで貢献しているのが分かる。投手の川上憲伸、捕手の谷繁元信、そして何と言ってもアライバコンビの存在が大きい。英智、福留孝介、大島洋平など外野の名手も生まれた。中日がナゴヤドーム時代になって黄金時代を形成した背景には、この強力センターラインが存在したことを強調しておかなければならない。今年、覇権奪還を狙う中日。強力なセンターライン復活は喫緊の課題といってよい。

チーム	受賞人数
中日	35人
巨人	31人
ヤクルト	31人
阪神	22人
広島	14人
DeNA	11人

1998年以後のGG賞受賞総数
16×9ポジション=述べ144賞
(2008年の一塁手は2人受賞。2010年の一塁手は該当者なし)

ポジション別GG賞受賞人数(1998年~2013年)

	投手	捕手	一塁手	二塁手	三塁手	遊撃手	外野手
中日	5	5	1	6	3	7	8
巨人	6	3	1	4	1	0	16
ヤクルト	1	4	4	1	10	5	6
阪神	0	3	5	3	0	2	9
広島	4	0	3	1	0	1	5
DeNA	0	1	2	1	2	1	4

野手の採用基準

ここまでは、主に投手の採用基準について述べてきた。では、野手はどんな採用基準なのだろうか。中田スカウト部長に聞いた。「野手はその年によって強化ポイントが異なりますから、いろんなタイプの選手を採っています」。投手と違い、野手の採用は、その時のチーム事情が大きく影響するという。「まずポジションを優先する年があります」。たとえば、二遊間、捕手などポジションに絞って有力選手をリストアップする年がある。「あとはタイプです。今チームにいないタイプや、将来必要なタイプを指名する年もあります」。1番タイプ、クリーンアップタイプなど、ポジションより打順を意識して獲得に乗り出す年もある。「高橋周平は将来中軸を打てる素材だと判断して指名しました」。

野手の採用にはチーム事情が大きく関わる。とはいえ、優劣の順番を決める必要がある。同じポジション、同じタイプの有力選手をどのような基準でふるいにかけているのだろうか。

「一言で言うなら、センスです」。なんとも曖昧模糊とした基準。センスとは何か？「試合での動きです」と中田スカウト部長は答えた。「選手の力は試合で判断します。練習はごまかせますが、試合ではごまかせない。ここぞ、という場面で必ずセンスが出ます」。つい、われわれは「50ｍが何秒か、遠投が何ｍか、高校通算何発か」を気にする。投手のＭＡＸと同じだ。しかし、中日スカウト陣は違う。「一応50ｍを６秒で走るとか、情報は入ってきます。ただ、試合で走塁にセンスを感じられなかったら難しいです。逆に足の前評判が高くなくても走塁のセンスのある選手はいるもんです」。いくら高い身体能力があっても、試合でその力を出せないようでは中日のリストから外れていくのだ。では、走塁センスはどんな場面で見極めるのか。

「最も分かりやすいのは一塁ランナーの時です」。注目選手が一塁ランナーの時が、センスの有無を判断する絶好期だと言う。素人の私はすぐに聞き返した。「つまり、盗塁のスタートということですね?」「違います」。どうやら盗塁ではないらしい。「次のヒットで三塁に行けるかどうかです。特に打球が自分の後ろや真上、ライトに飛んだ時にどう判断するかを見ています。いくら足が速くても打球判断が悪く二塁で止まる選手もいます」。打球がレフト方向なら、打球も外野手の動きも自分で見られるので判断を誤ることは少ない。しかし、ライト方向は死角になる分、野手の位置や肩の強さ、打球の質、自分の脚力を一瞬で計算して、GOかSTOPを判断しなければいけない。当然、三塁ランナーコーチを見て、その指示に従う選択はある。しかし、常に「全てお任せ」ではなく、自分で判断し、貪欲に次の塁を狙う姿勢があるかどうかが評価に大きく関わってくる。「我々は陸上ではなく、野球のスカウトですから」。決して直線を走ったタイムを見ているのではない。打球判断、スライディング、コーナリングなど、あくまで野球の走塁のセンスがあるか否かを見ているのだ。野球はフライングもできるし、長距離のタイムも一切採用に関係ない。「極端に言えば、塁間の約27m×3の距離を走れれば良いんです。要は、自分の打球が長打コースに飛んだ時に、三塁まで判断よく走れるか。また、一塁ランナーの時に、味方の長打で判断良くホームにかえれるか。ランニングホームランはめったにないですから、3区間を走れる脚力と判断力で十分です。ブーちゃん（中田亮二）の長距離はものすごく遅い。ただ、走塁センスは決して悪くありません」。さらに現役選手の名前が挙がる。「荒木は高校の時から足も速かったですし、センスも抜群でした。意外なところでは森野や平田。彼らも走塁のセンスはありました」。

守備のよしあしも試合で見る

守備を見るときも、中日スカウト陣は独特の見方をする。例えば、ショート。ショートの見せ場は、三遊間の深いところに飛んだ打球をつかんで一塁に遠投するシーンだ。このプレーでショートのセンスは判断できるように思う。

「我々は中継プレーを見ます」。これまた不正解。「特にランナー一塁で左中間に打球が飛んだ時です」。よく分からない。「打球やランナーの脚力を計算して、一塁ランナーを三塁で刺すか、本塁で刺すか、打者走者を二塁で刺すか、三塁で刺すか。その判断が難しいのです。どこに中継に入って、どこに投げるかを一瞬で決めないといけません」。確かに三遊間の打球を処理するより動きが複雑で、より頭を使う。「センスがあるショートは中継位置に入る過程でランナーの触塁（ランナーがベースを踏んだかどうか）もチェックします」。動きをおさらいしてみよう。ランナー一塁で打者が左中間へ大きな当たりを打った。ショートは左中間に走りながら、中継位置を探り、なおかつ一瞬振り返ってランナーの触塁を確認して、どこに投げるかを判断し、外野手からのボールを受け取り、正確にスローイングする。やることが実に多い。

しかし、この動きを高校生で完璧にこなした選手がいたという。「立浪和義です。高校生で触塁まで確認できるショートはなかなかいません」。ＰＬ学園を春夏連覇に導いた立浪和義。広角に打ち分けるバッティング技術、グラブさばきやスローイングの安定感も高校生離れしていたが、中日スカウト陣が評価したのは彼の野球センスだった。

野球センス重視で指名した選手は他にもいる。井端弘和だ。彼の指名秘話は知られるところとなっている。その試合は雨が降っていた。東都リーグの強豪・亜細亜大学のセカンドを守っていた井端弘和。走者一塁でサードゴロが飛んだ。井端弘和はダブルプレーを成立させるため、セカンドベースへ入る。サードからの送球を受け取った後は、慌てて一塁へ転送したくなるところだ。しかし、井端弘和は冷静だった。慌てず、ぬかるんでいない場所に足を踏み出し、ワンテンポ遅らせて送球したのだ。しかも、ファーストが捕球しやすいワンバウンドのボールを投げた。自分の手も濡れていたため、無理してノーバウンドで投げると悪送球の危険性が増すからだ。「教えてできるプレーではないです。これは採《と》りだと思いました」と中田スカウト部長。

すでに井端弘和をマークしていた水谷啓昭スカウトが隣にいた。「井端には足もありましたし、小柄だけど、パンチ力もあった。また、右にも打てるし、バントもできる。守備も確実。私は高く評価していました。ただ、他球団はそうでもなかったんです」。当時の大学生内野手では、のちに近鉄バファローズに2位指名された青山学院大学・高須洋介がプロ注目だった。井端弘和の動きに一目ぼれした中田スカウト部長は、水谷スカウトに指名順位を相談する。「3位で採れるか。もっと上か」。しかし、水谷スカウトは首を横に振った。「おそらく何位でもいけます」。こうして、井端弘和は1997年ドラフト会議で5位指名を受け、中日に入団。その後の活躍は改めて記す必要もない。いかにも試合での動きを重視する中日らしい指名だった。

足と肩

センスが今も昔も最重要項目であることは変わらない。ただ、最下位に沈んだ1997年のオフ、星野仙一監督はそのセンスに加え、野手の採用基準にさらなる注文をつけた。「肩が強くて足が速い選手を頼む」。広いナゴヤドームに適応する俊足・強肩の選手を要望したのだ。もちろん、前述したように野手はチームの現状を見て、ポジションやタイプを考慮しての採用が大前提。全て俊足・強肩の選手を指名するわけにはいかない。しかし、ナゴヤドームに本拠地が変わった90年代後半はセンスに加え、足と肩にも重きを置いた。

足は単なる速さではなく、あくまで走塁センスと述べた。それでは肩についてはどうか。「スローイングの安定性です」と中田スカウト部長。「いくら肩が強くて速いボールを投げてもコントロールが乱れ、刺せるタイミングで刺せないようでは駄目です」。ここでもやはり試合重視なのだ。

1998年、中日の地元出身者に面白い選手がいた。「投手としてはリストから外したんですが、野手で残して指名した選手がいます」。中日の投手採用基準はコントロールとピッチングセンス。「ボールは速かったです。150キロ前後は出ていました」。大学時代、その選手は投手と外野手を兼務する、いわゆる二刀流だった。「ただ、コントロールがありませんでした」と指摘する。しかし、外野で魅せるプレーには目を見張るものがあった。「ものすごい送球でした。まさに地を這うような球。コントロールも良く、何度も捕殺を見ました」。完全に大学レベルを超えていたという。「足も速く、走塁センスもありました。ただ、バッティングは物足らなかった」と振り返る。俊足・強肩だが、打撃は非力で投手としてはコントロールがない。もし、ナゴヤ球場時代なら野手としても指名されなかったかもしれない。しかし、中日は指名した。

1998年のドラフト会議、4位指名、蔵本英智。現役時代、肩と足でファンを魅了した登録名・英智。あの落合監督に「1年間持つ体力さえあればレギュラーは絶対英智」と言わしめた逸材だ。2004年にはゴールデングラブ賞を受賞した。

大学4年時、英智のもとには複数球団から調査書が届いていた。いずれも投手として獲得を検討されていた。果たして、英智が投手として他球団に指名されていたら、どんな野球人生を歩んでいたのだろうか。

なぜ、そこまでセンス重視なのか

端的にまとめれば、中日は採用に関して、投手も野手もセンスを重視している。センスとは試合での動き。「練習はごまかせても、試合ではごまかせない」という中田スカウト部長の言葉が、全てを物語っている。北海道から沖縄まで注目選手の「試合での動き」を見て回り、MAX何キロ、50m何秒、遠投何m、高校通算何発、大学通算何勝には表れないセンスをチェックしているのだ。

「注目選手はどこの球団も見ています。採れるものなら、全員採りたい」と本音を漏らす中田スカウト部長。しかし、ドラフトはそうはいかない。競合してくじになることもあれば、2巡目以降はウエーバー方式のため、寸前で欲しい選手が取られることもある。だから、指名候補選手には順番をつける必要があり、そのために明確な採用基準が要る。去年（2013年）は育成選手を含め、8選手が指名された。彼らは今年どんな活躍を見せてくれるのだろうか。そして、今年のオフにはどんな選手がセンスを認められ入団してくるのだろうか。いずれも楽しみである。

最後に聞いた。「センスを重視するきっかけは何だったのですか?」中田スカウト部長は笑った。「私がノーセンスだったからです」。1978年、ドラフト外で日本体育大から投手として入団した中田スカウト部長。「まっすぐ一本のノーコン投手でした。ピンチではすぐにカッカしてね」。実働わずか3年。7試合1勝0敗。防御率9・00。これが中田宗男投手の成績である。1983年には26歳の若さで引退。「私みたいな選手を出したくない。だから、私みたいな選手は指名しないんです」。しみじみとそう語った中田スカウト部長は、今日もどこかで金の卵を探している。

4 章 育成

コーチの仕事

「コーチの仕事は『教える』ことではなく『見る』ことだと考えている。見て判断する。見なければ分からない」。そう話すのは森繁和氏。谷繁新体制でヘッドコーチを務める男だ。

森氏は1979年にドラフト1位で西武ライオンズに入団。主にリリーフとして活躍し、1983年には59試合に登板。34セーブを挙げ、最優秀救援投手賞に輝いている。引退後は西武、日本ハム、横浜、中日と4球団でコーチを経験。2012年から2年間は解説者。そして、今年(2014年)3年ぶりに現場復帰した。

森氏が初めてコーチになったのは1987年のオフ。西武の2軍投手コーチだった。当時、33歳。森氏を兄貴と慕う投手も多く、後輩たちに様々な技術を教え込もうと気合が入っていた。しかし、ある人物にこう諭される。「教えるな。見ておけ」。声の主は根本陸夫。当時の実質的ゼネラルマネージャーだ。森氏は教えたい気持ちを抑え、言われるがまま、投手を見続けた。

1年後、森氏は自分の甘さを思い知る。「おい、森。あの投手は何が足りないんだ? あの投手はなぜ長いイニングが投げられない? あの投手のいい時と悪い時は何が違う?」根本氏が矢継ぎ早に聞いてくる。絶句する森氏。一言も返せなかった。「見ていたんだろ、分かるだろ」。根本氏の「見る」とは投手の長所と短所、性格や適正、好調時と不調時の違いなど一人一人を見た上で「理解」することだった。「そういうことなら早く言ってくれよと思うけどな」と笑う森氏だが、あの時の狼狽は今でも忘れることができず、「その後のコーチ人生を左右する出来事だった」と振り返る。まずはじっくり投手を見て、理解し、足りないところを補うメニューを作ったり、アドバイスを送ったりするのがコーチの仕事。意気揚々と自分の成功体験をもとに、いきなり手取り足とり教え込むのはご法度なのだ。

基本と正解

自分の成功体験。これが育成する上でのネックとなる。つい人は自らの正解が他人の正解だと思ってしまう。「俺がやってきたことをそのままやらせてもうまくいかない。全員、骨格も性格も違うんだから。基本と正解を履き違えてはいけないんだ」。基本と正解。森氏いわく、基本は「全ての人に必要な技術」で、正解は「その人に合った技術」である。「基本は全員クリアしているよ。だから、プロの世界に入ってくる。基本があるかないかを見るのはスカウトの仕事だ」。3章で述べたが、中日の投手採用基準はコントロールとピッチングセンス。この二つの有無はすでにスカウトが見極めている。極端に言えば、基本を身につけるのがアマチュア時代。正解を追い求めるのがプロ入り後なのだ。

「正解はそれぞれが模索して掴む技術。人の意見はあくまで参考だ。体が違うわけだから、フォームも握りも投げ方も当然違ってくる。コーチが『はい、これが正解です』と与えられるはずがないんだ。ただ、正解はそんなに簡単に見つからない。現役を終えるまで探し続けるんだ。だから、山本昌だっていまだにフォームをいじっている」。コーチとは選手個々の正解を求める終わりなき旅を横で見守る人であり、決して自らが歩んだ地図を出して、「この通りに旅しろ」と教え込む人ではないのだ。とりあえず自分の成功体験はポケットにしまい、選手が道に迷っている時にそっと参考程度に披露するくらいがちょうどよい。

新人教育の原則

今年は8人の新人選手がいる。そのうち、投手は5人だ。「新人は原則ノータッチ。2軍コーチにはそれを徹底させる。見るだけだ。ずっと見ているからこそメニューが決められる。下半身強化なのか、体幹強化なのか、個々に課題も異なるはずだ。ドラフトで入ってくる選手は地元ではスーパースターなんだよ。だから、それまでのフォームをすぐに直すことはない。コーチが見て、理解して、メニューを作る。そのメニューを段階的にクリアして、筋力作りをしてから、フォームを直さないと100％壊れる。それでは契約金もフイになるし、コーチの評価もゼロだ。極端かもしれないが、4月から10月までの1シーズンはノータッチでもいいくらい」。新人教育に焦りは禁物だ。

「時に俺の予想を超えて成長する投手もいるよ」と森氏。誰だったのか。「吉見と浅尾。入団した時の浅尾は俺の考えているところよりはるかに低いレベルにいた。腹筋もろくにできない新人は初めて見た。しかし、トレーニングコーチと決めたメニューをどんどん消化し、体ができ、投手として予想以上のペースで成長していった。だから、一軍デビューも早かったし、セットアッパーに登り詰めるのも早かった。吉見はケガをして入ってきた。まずはゆっくりリハビリと考えていたけど、ひじが治ったら、一気に伸びたね」と目を細める。「育成には段階を踏ませることも大切。この時期にはこれくらいの段階には来てほしいという設定も。それを上回るやつは早く一軍に行くし、下回るやつは手を加えてやらなければいけない」。

個から集団へ

見る、理解する、メニューを作る、参考となるアドバイスを送る、段階を踏ませるなどがコーチの仕事と述べた。しかし、戦いの最前線にいる1軍投手コーチとなると、さらに仕事が増える。「まずは1年を戦う上での青写真作りから。現有戦力の分析だよ。どんなメンバーがいて、どれくらいの実力なのか。必ず足りないポジションと重なっているポジションがある。配置転換や補強も考えないといけない」と森氏。見る作業に変わりはないが、その対象が「個」から「集団」に変わるのだ。

２０１３年の秋キャンプ。森氏は同タイプの右の中継ぎが重複していると判断。武藤祐太、井上公志の二人を先発に配置転換した。また、手薄と見た左の先発には岡田俊哉を指名。空いた左の中継ぎ要員としてドミニカから、ネルソン・パヤノを獲得した。打つ手は早かった。

ここで時計の針を2003年オフに戻す。森氏が初めて中日投手コーチに就任した秋キャンプだ。当時、森氏は個々の特徴を見極め、メニューを作成し、アドバイスを送る一方で、2004年を乗り切る陣容も思案していた。「大事なのは先発と抑え。そういう意味では何人か計算できる投手はいた。野口と川上。川上はケガ明けだったが、先発ローテーションとして十分考えられた。当時の抑えは大塚。しかし、彼はメジャーに行きたいという話もあったし、岩瀬で行こうと決めていた」と言う。次は中継ぎだ。「セットアッパーは英二。平井や岡本もリリーフに回ってもらおうと思った。でも、計算はここまで」。計算はここまでとはどういうことか。「俺は計算するやつは数人。これまでの実績を考慮したり、実際に練習を見たりして、計算できると判断した投手に裏切られることは少ない。でも、実績のない若手までを計算に入れると、簡単に裏切られる。そこは期待にとどめるんだ。ダメでも構わない。うまくいけば儲けものという感覚だ」。収入見込みは厳しめに設定。決して甘くしてはいけない。「色々見ていくと、当時はもう一人先発で計算できる投手が欲しかった。だから、球団にお願いして横浜で2年間見ていたグスマンを獲ってもらったんだ」。

ドミンゴ・グスマンは2002年と03年に横浜に在籍。2年間で44試合に登板し、13勝をマーク。特に03年は規定投球回もクリアし、ローテーションも守っていた。森氏の見立ては的中し、ドミンゴ・グスマンは2004年、23試合に登板し、10勝を挙げた。配置転換と補強、2003年もその動きは早かった。

先発ローテーション予備軍

「グスマンの加入で先発はあと2、3枠となった。ここからは競争だ。この枠を5勝前後の実力の投手で争う。5人なのか、それとも8人くらいまで争うのか。脱落した投手は出番がなくなる。味方も敵だと思う。それくらいの覚悟がなくては」と森氏。先発の残枠は計算ではなく、期待の投手で賄っていく。「5勝する実力の投手は1年間持たないから、5勝で終わる。でも、そういう投手が必要なんだ。2カ月でいいから、頑張る投手。そいつが疲れたら、抹消すればいい。すると、また2軍から同じクラスの投手が上がってくる。それでしのぐんだ」。5勝の投手が5人いれば25勝。6人も出てくれば30勝。この先発ローテーション予備軍をどれだけ輩出するかが、優勝できるかどうかの試金石と見ている。

「キャンプから彼らの競争心をあおる。だから、味方の抹消は自分のチャンスと喜ぶ。それでいいんだ。そういう激しい競争を勝ち抜いた投手は、ときに10勝することもある」。森氏は2軍投手コーチとの連携も大切になってくると指摘する。「5勝クラスの投手を1軍と2軍で同じ曜日に投げさせることもある。『あいつが抹消されたら、次はお前が1軍だぞ』という意識を植え付けておけば、モチベーションも勝手に上がる。2軍コーチとはそのあたりも相談しながら、ローテーションを組まないといけない」。1軍投手コーチの仕事の範囲は「個」の成長促進だけでなく、「集団」のマネジメントに広がっている。

任せる

仕事の範囲が広い1軍投手コーチ。その全てを自分一人でやろうとすると体力的に辛い上に効率が悪い。森氏は「任せることが大事」と言う。まず、選手の体調管理についてはトレーニングコーチとトレーナーに任せている。

「彼らの専門知識を活かしていかないと。今回も勝崎コーチ（勝崎耕世コンディショニングトレーニングコーチ）にきてもらった。陸上出身で野球経験のない彼が分からないことは俺に聞く。逆に俺が分からないことは彼に聞く。彼はドイツ留学経験もあり、トレーニングについての専門知識は豊富だ。お互いにしっかり意見交換をして根底にある考え方や方向性さえ一致しておけば、違う分野の専門家がそれぞれ得意な分野を担当した方が強いというのが俺の考え方だ。トレーニングコーチには選手を練習できる状態に仕上げて送り返してくれと言っている。俺は仕上がった選手に投げるための練習をさせる。全部を俺がやっていたら、時間のロスも大きいし、成果も上がらない」。

さらに、森氏は試合中の投手交代についてもブルペンコーチに任せる時がある。ベンチとブルペンは直通電話でつながっている。当然、ベンチにいる1軍投手コーチからブルペンコーチへの電話は交代の「指令」が多いが、時には「相談」もあるのだ。「迷った時はいつも近くで見ているブルペンコーチを信じる。結果が出れば、投げた本人も俺も嬉しいし、何よりブルペンコーチが一番嬉しいだろう。ダメなら俺が責任を取ればいい。彼を起用したのは俺だと」。このコーチ間の信頼関係の構築も大事な仕事の一つだ。

鮮烈デビュー

森氏の「任せるべきは任せる」という考え方によって、一人の投手が鮮烈デビューを飾った。2004年4月13日。東京ドーム。巨人―中日戦。この試合は乱打戦になり、9回表を終わって9対9の同点。中日の先発はドミンゴ・グスマンで2番手は平井正史だった。そして、9回裏、巨人の攻撃が始まる。対するは清水隆行、小久保裕紀、高橋由伸。失点は即サヨナラ負けだ。「あの場面、岩瀬は使いたくなかった。シーズン序盤での酷使はあとに響くから。だから、真市（近藤真市コーチ）に聞いたんだ。次は誰がいいんだって」。

ほどなく東京ドームに聞きなれない名前がアナウンスされた。「ピッチャー高橋聡文」。高橋聡文は「覚えています。名前を呼ばれてマウンドに向かいましたが、その時は歓声ではなく、どよめきでした」と話す。中日ファンは「なぜここで高橋？」と不安がり、巨人ファンは「これはもらった」と舌舐めずりしたことだろう。高橋聡文のプロ初登板である。「ブルペンでの調子は良かったです。真っすぐも走っていました。確か僕と小笠原さんが投球練習をしていて、岩瀬さんは投げていませんでした」。その日、ブルペンにいた落合英二が証言する。「聡文はえげつないストレートを投げていた。でも、プロ初登板でいきなり同点の9回裏でしょ。推薦した近藤さんもすごいし、任せた森さんもすごいね」。

高橋聡文は躍動した。まずは清水隆行をサードフライ。続く小久保裕紀をセカンドフライ。高橋由伸はレフトフライ。三者凡退だ。森氏は続投を指令。10回裏、ロベルト・ペタジーニをサードファウルフライ、タフィ・ローズ、林昌範を連続三振。終わってみれば2イニングをパーフェクト。若き左腕がざわつく東京ドームを静まりかえらせた。

「落合監督は投手に関して全部俺に任せてくれた。当然、モチベーションは上がった。ただ、失敗もある。でも、その時に投手コーチである俺を責めることはなかった。だから、俺も同じようにブルペンコーチに接しただけだよ。責任は絶対トップが取らないといけない。それが逆になるとチームは崩壊する。投手に責任を背負わせてマウンドに送っては駄目なんだ。確かに最初は責任を力に変えるかもしれない。しかし、負けがこんで戦犯扱いされ続けると、もうマウンドに行けなくなってしまう。行きたくないと思って上がったマウンドで良いパフォーマンスが出るわけがない」と力を込める。任せるべきは任せて、責任は取る。その覚悟がない人間は育成する立場に立ってはいけない。

休ませる

前回森氏が中日のコーチだった2004年から2011年の8年間で中日は4回のリーグ優勝を

成し遂げているが、ほとんどがシーズン終盤で勝負強さを発揮した逆転優勝だった。

胸突き八丁の8月9月にいかに戦う態勢を整えておくかがペナントを制する鍵となる。「だから、休ませることもコーチの大事な仕事なんだ」と森氏は強調する。シーズン序盤での投手の無駄遣いはのちにチームのガス欠を招くのだ。「一日休んで次の日からまた投げられるなら、代わりの投手を一日用意すれば済むことだから、こんなにたやすいことはない。それが10日、1カ月間となると、その代わりを作るのは大変なんだ」。特にセットアッパーや抑えなど長期離脱がチームの転落に直結するような人材は慎重に起用しなければならない。「岩瀬は試合前に帰宅させたことがあるよ。もちろん、メンバー表に岩瀬の名前は書くし、○も付ける。×を付けたら、ベンチに入っていないことが相手にばれてしまう。それは困る。岩瀬はいるものだと思わせておかないと」。休ませ方にもひと工夫が要る。「選手は商品。傷つけてはいけない」と森氏。コーチの仕事には品質管理も含まれる。

選手の思い

２０１０年11月7日。ナゴヤドームの医務室に一人の患者が運び込まれた。すぐさま看護士が熱を測る。体温は38度を超えていた。血の気が引き、悪寒が走る。しかし、薬の投与は許されない。なぜなら、その患者はプロ野球選手だからだ。ドーピングに引っかかる。ベッドに横たわっていた患者は浅尾拓也だった。

日本シリーズ第7戦。中日対ロッテ。この試合にロッテが勝てば日本一。中日が勝てば第8戦にもつれ込む。この大一番を前に浅尾拓也の体調不良情報が中日ベンチに飛び込んできた。

1回表、ロッテが2点を先制する。しかし、その裏、中日が反撃。森野将彦、野本圭のタイムリーで同点。さらに、谷繁元信の犠牲フライで3対2と逆転に成功した。中日は攻撃の手を緩めない。2回裏には大島洋平のタイムリー、3回裏には荒木雅博の犠牲フライと大島洋平の2打席連続タイムリーで6対2。「タク、今日は休んでおけ」と言わんばかりに中日ナインは奮闘した。しかし、先発の吉見一起がつかまる。4回表に岡田幸文のタイムリーで1点を返され、6対3。この時すでに右肘は限界に達していた。勢い付いたロッテ打線は止まらない。5回表に2番手河原純一から3点を奪い、ついに同点。7回表には3番手マキシモ・ネルソンから金泰均が勝ち越しのタイムリーを放ち、7対6とした。

そして、9回表。背番号41がマウンドに向かった。「ピッチャー浅尾」。ナゴヤドームは大歓声に包まれた。しかし、禁じ手を使ってしまった森氏は複雑な心境でマウンドを見つめていた。浅尾拓也は投げた。四球とヒットでピンチを背負うものの、9回表をゼロに抑えた。9回裏、中日が意地を見せる。先頭の和田一浩がレフトフェンス直撃の三塁打、続くトニ・ブランコが犠牲フライを放ち、土壇場で同点に追いついたのだ。延長がある。「交代と決めている時は選手と話はしない。でも、悩んでいる時は状態を聞きに行くんだ」。森氏は浅尾拓也に近付いた。「行きます」。即答だった。

浅尾拓也は10回表をゼロに抑えた。森氏は再び近づく。「行きます」。答えは変わらなかった。11回表は三者凡退。森氏は台詞を変えた。「タク、もういいぞ」。さすがにこれ以上無理をさせるわけにはいかない。しかし、浅尾拓也の返事は変わらなかった。「行きます」。「もういい」。「いや、行きます」。「もういい」。「行きます」。二人の会話に入れる者はいない。浅尾拓也は4イニング目、12回表のマウンドに上がった。しかし、それが最後だった。岡田幸文に勝ち越しの三塁打を浴び、日本シリーズが終わった。

「俺の弱いところなんだよ。行かせて失敗することがあるんだ。『そこまで言うなら、このイニングは任せた。でも、その次はないぞ』と強く言わなければいけなかった。もちろん、4月5月ならあんな使い方は絶対しない。でも、最後の試合だったから、タクの思いを意気に感じてしまったんだ」。森氏はこの日の起用を反省している。しかし、浅尾拓也のような選手の存在を喜んでもいる。「最近はそういう選手が少なくなった。逆に行けるけど、行けないという選手の方が多い。無理をしてでも投げたい時期はそうはないんだ。選手として一番いい時期なんだよ。俺もそうだった。西武で最優秀救援投手賞を獲った１９８３年はシーズンで投げまくった。それでパンクして日本シリーズで投げられなかった。結局、チームに迷惑をかけてしまった。そんな経験をすると、現役でやっているうちは行けるけど先のことを考えて我慢することを覚える。あの日の経験が今後に役立ってくれれば、それでいい」。

上司に歯向かってでも、投げると貫いた浅尾拓也。その姿を若き日の自分と重ね、熱い思いを受け止め、投げさせ続けた森氏。「理」より「情」が勝った夜、二人は敗者になった。あれから4年。二人は再び同じ戦闘服に身を包み、戦う。今度は勝者となり、笑う姿を見たい。

5章 改革

12年前との共通点

今年（2014年）は午年である。前の午年は12年前の2002年。〈サンデードラゴンズ〉のコメンテーターとしておなじみの山田久志氏が、中日の監督に就任した年だ。

山田氏はドラフト1位で1969年に阪急ブレーブスに入団。2年目以降17年連続で二桁勝利を挙げるなど阪急黄金時代のエースとして君臨。美しいアンダースローから繰り出されるストレート、シンカーでプロ通算284勝。MVP3回。ベストナイン5回。最多勝3回。最優秀防御率勝2回。また、12年連続で開幕投手を務めるなど、記録を挙げればきりがない。プロ野球史上最高のサブマリンだ。

1988年に引退した後は解説者としてネット裏から野球を見つめ、1994年にはオリックスブルーウェーブの投手コーチに就任。1995年、96年とパ・リーグ連覇。96年には日本一に輝いた。中日との関わりは1999年から。星野仙一監督に投手コーチとして招かれたのだ。川上憲伸、野口茂樹、岩瀬仁紀などを育て、投手王国の礎を築きあげた。そして、2002年、中日の監督としてチームを率いることになった。

「さぁ、どうするか、というスタートだったね」と山田氏は当時を振り返る。監督就任の前年、中日は5位に低迷していた。2章で述べたように2001年はチーム防御率2位、失点1位と投手は好成績を残していたにもかかわらず、打率と得点が5位。新外国人の不調が響き、チームは迷走、最後までレギュラーが固定しないシーズンだった。「投高打低」で順位が振るわなかった異例の年であり、その原因はチームの落ち着きのなさだった。

山田氏は「当時はちょうどチームの過渡期でした。ポジションがだぶって選手が集まってしまう。ベテランと若手が二極化して、中堅どころがいない。したがって、一人一人がうまく機能しない状態でした」と話す。

2001年の野手の顔触れをおさらいしよう。キャッチャーは中村武志34歳。ファーストには山崎武司33歳。セカンドは立浪和義32歳と荒木雅博24歳。サードはシーズン序盤が福留孝介24歳で途中からレオ・ゴメス34歳。ショートは井端弘和26歳。外野は関川浩一32歳、波留敏夫31歳、オジー・ティモンズ31歳、井上一樹30歳などが守った。今、列挙した11人の平均年齢は30・1歳。年齢的には井上一樹が中堅と言えよう。やはり井端弘和、荒木雅博、福留孝介らの若手と中村武志、山崎武司、立浪和義らのベテランに分かれていた。「立浪は故障がち。ゴメスも体調がすぐれない。山崎や中村の体力的な衰えもあった。これまでチームの中心を担ってきたベテラン選手がそれぞれ問題を抱えていて、1年を通して働けない状態で難しかった」と山田氏。当時は監督就任の喜びに浸る暇はなく、山積する難題を前に苦悶する日々が続いていた。

ここで2013年の主な野手の顔触れと年齢を見てみよう。キャッチャーは谷繁元信43歳。ファーストにはマット・クラーク27歳と森野将彦35歳がいた。セカンドは荒木雅博36歳。サードにはエクトル・ルナ33歳と高橋周平19歳。ショートは井端弘和38歳と堂上直倫25歳。外野は和田一浩41歳、藤井淳志32歳、大島洋平28歳、平田良介25歳などだった。平均年齢は31・8歳。中堅は藤井淳志ただ一人。2013年もまた2001年と同じように、若手とベテランの二極化が顕著。さらに、その年齢差は2001年以上に激しかった。

前年がBクラスで新監督。さらに若手とベテランの二極化。これらは午年の宿命なのか。2014年と2002年は共通点が多い。

リーダーは誰だ?

改革が必要だった2002年。山田氏は何から着手したのだろうか。「リーダーは誰かを考えました。これからのチームを引っ張っていくのは誰か。それまで中日のリーダーは監督、星野さんだったんですよ」。常に先頭に立ち、闘将としてチームをけん引した星野監督。その統率力は抜群だった。ただ、それゆえに「監督の後ろをついて行けばよい」という考えが中日選手の体に染みついていたのかもしれない。しかし、チームは過渡期である。変わらなければいけない。「そのためには選手でリーダーが必要だったんです。色々考えましたが、やはり実力から言っても、ファンの声に耳を傾けても立浪でした」。山田氏は立浪和義に白羽の矢を立てた。「立浪は前年セカンド以外に外野も守らされ、思い通りの成績が残せなかった。腰と膝に不安を抱えていた彼を活かすにはどうすればいいか。負担のかからないポジションはどこかを考えるとサードでした」。山田氏が断行した改革。

その一手はサード立浪だった。しかし、これで終わらないのが山田流。「リーダーの自覚を持たせるために4番も打たせました。今でも立浪は『自分の野球人生が終わりかけていると感じていた中でのコンバートで、もう一度体を鍛えようと思った』と言ってくれている。完全なチームリーダーになってくれました」。リーダーを決め、リーダーには責任ある仕事を与える。これが山田改革の特徴の一つだ。

主力の気持ち

ここから大胆なコンバート、チームの大手術が始まった。「立浪がサードでしょ。すると、それまでサードを守っていたレオ・ゴメスは膝の状態もよくなかったので、ファーストへ回すことを決めました。そうすると今度は山崎武司とポジションが重なってくる」。山田氏は当初、レオ・ゴメスと山崎武司の併用を考えていた。「ところがダメなんだよね。常に主力でやってきたクラスの選手に併用は。競争意識が芽生えるどころか、むしろ逆。面白くないと思ってしまうんです。気持ちが入らないからお互いがお互いを殺してしまう」。事実、2002年の二人は結果を残せなかった。レオ・ゴメスは66試合の出場にとどまり、2割6分7厘、16本塁打、43打点。この年で現役を引退している。山崎武司は26試合、1割9分2厘、2本塁打、5打点。6年前に本塁打王に輝いたスラッガーとは思えない数字に終わった。

併用プランはオープン戦にさかのぼる。二人とも出場機会は12試合ずつだった。山田氏の配慮がうかがえる。レオ・ゴメスは2割1分9厘、2本塁打、7打点。山崎武司は2割6厘で本塁打も打点もゼロ。両雄並び立たず。相乗効果は生まれなかった。「それまでエースと言われていた男は二番手、三番手では納得できないんですよ」。主力の気持ちは繊細なのだ。

エースのプライド

現役時代、山田氏は1975年から1986年まで12年連続で開幕投手を務めた。これは日本記録である。そして、迎えた1987年。当時の上田利治監督からはキャンプ開始早々に「今年も開幕投手をやってくれるよな」と声を掛けられていた。しかし、キャンプ、オープン戦と思うように調整が進まない。すると、上田利治監督がメディアを通じて「山田の調子が上がらない。本当に大丈夫か」と発信するようになった。

信頼はないのか。「今年も頼む」という発言は何だったのか。エースのプライドが完全に傷ついた。「だから、僕の記録なんてどうでもいいからと言ったんですよ、監督に」。強気な山田氏である。開幕投手とは監督に懇願されるものであって、自ら頭を下げてさせてもらうものではない。美学を貫き、気丈に振る舞った。しかし、山田氏は続ける。「てっきり『そんなこと言うなよ。山田、お前がやってくれ』と上田監督は言うと思っていたんだ。ところが、開幕投手はそのまま佐藤義則。

俺も一度言った以上は翻せなかったよ」。記録更新が途絶えた秘話を笑って話す山田氏。「そういうこともあるからチーム作りは難しいということです」。

２０１４年、中日にも数多くのベテラン選手、これまでチームを支えてきた中心選手が存在する。彼らをどう起用し、どんな言葉をかけるのか。併用厳禁。発言注意。首脳陣の手腕が試される。

逆風

２００２年の山田改革は捕手にも及んだ。ＦＡで谷繁元信を獲得したのだ。「当時の投手陣はあと少しで出てきそうな選手が多かった。その花を咲かせるにはキャッチャーの力が大きい。中村は球界を代表するキャッチャーだったけど、私の目には腰やひざ、ひじなど満身創痍で限界にきていた。これから育てるのも無理。そんなとき、谷繁が気持ちよく野球をやれるチームを探しているという声が入ってきた」。２００１年の投手成績は良かった。野口茂樹、山本昌広、メルビン・バンチが二桁を挙げ、岩瀬仁紀、正津英志、前田幸長、エディー・ギャラードなどリリーフ陣も盤石。その他、川上憲伸、小笠原孝、朝倉健太など若手も出てきた。「最初は色よい返事がもらえなかったけどね」。交渉は決して順調とは言えなかったが、熱心にアプローチした結果、中日・谷繁元信が誕生した。

その一方で中村武志を横浜に放出。「私に対する風当たりは大変強いものでした。名古屋の人気者をよそから来た監督がトレードに出す。自分に対する批判は中日ファンから相当ありました。当時のフロントまで『何とかならんのか』と反対でしたが、覚悟は決めていました」。

中村武志に加え、山田氏は２００２年オフに山崎武司をオリックスに出している。「あの時もすごかった。封筒が山のように監督室に届いたけど、ほとんどが批判。剃刀の刃が入っていたこともありました」。改革には時折強い逆風が吹く。

勇気と優しさ

ライト・福留孝介。今となっては２００２年山田改革の最大の目玉はこのコンバートだったと言っても良いだろう。福留孝介はそれまで内野、主にショートを守っていた。「彼は肩もいいし、足もある。でも、実は子供の頃に左手首を骨折した経験があるんです。そのケガの後遺症もあってどうしてもグラブを柔らかく使えない。ハンドリングに難があったんです」。１９９９年に入団して3年間で失策は40個（内野37個、外野３個）。守りで足を引っ張る場面も目立った。チームにとって大事なセンターライン。ショートの守備に不安は残したくない。頭を抱える山田氏に二宮至作戦外野守備コーチが提案した。「福留を外野に持っていきませんか。彼ならやれる」。早速、コンバートを打診した。しかし、「外野はやったことがありません」と福留孝介。「やったことがないという返事は、嫌ですという意思表示ですよ」。企画倒れか。

しかし、山田氏は説得した。「君はこれからクリーンアップを打たなければいけない男だ。チームの中心打者に成長してもらいたい。少しでも守備の負担を減らしてみてはどうだ」。監督自ら必死に口説いた。福留孝介はやっと首を縦に振った。

「ダメだからそっちに向かうのではなくて、もっと良くなるはずだからそっちに行くんだと。あくまで人を活かすためのコンバートであり、配置転換なんだということを言わないといけない。選手が都落ちと思ったらダメなんです」。改革には大ナタを振るう勇気も必要だが、選手の気持ちを考慮した対話などきめ細やかな優しさも必要なのかもしれない。

アライバコンビの誕生

コンバートとＦＡ補強でどんどん改革を進めた山田氏。次々にピースが埋まる一方で、ぽっかり空いた場所もあった。「野球はセンターラインです。キャッチャーは谷繁で決まった。さぁ、あとは二遊間をどうするかでした。当時、井端は膝が悪かった。だから、時々外野も守っていました。荒木はもともとショートで入団してきたけど、短い距離のスローイングに問題があってレフトやセンターを守っていた。しかし、彼らは内野経験者だし、ドーム野球を考えれば足が速いのは魅力。それぞれの問題を解決できれば、二遊間でいけると判断しました」。井端弘和の膝は治療とリハビリで、荒木雅博の送球は猛練習で何とかなる。山田氏はそう見込んだのだ。

２００１年の二人の成績を見てみよう。井端弘和は１４０試合に出場。主にショートだったが、シーズン中盤にはライトでのスタメンもあった。打率2割6分2厘。メンバーが固定されなかったこの年に唯一全試合に出場している。荒木雅博は１１１試合に出場。レフトやセンター、そしてシーズン終盤にはセカンドを守り、規定打席には到達していなかったが、打率3割3分8厘をマーク。二人とも「台頭してきた若手」という位置づけだった。

「表面上は競争だと言っていましたが、実際はどんなに不振でもケガで離脱しない限りはこの二人で行くと腹をくくっていました。それでなければ育ちません」。1打席や2打席、1試合や2試合で代えているようでは育つものも育たない。選手も焦り、萎縮し、力が出せないという。若手を大きく成長させるには上司の器が大きくなければならない。

こうして二人は前年の活躍もあり、チャンスを与えられた。人知れず山田氏は彼らと心中する決意もしていた。のちにアライバコンビと称される二人はそのチャンスをつかみ、離さなかった。「井端と荒木はとにかく真面目に野球に取り組んでいました。もう少しセーブしろと言わなければいけないくらい練習していました。試合が終わってそろそろ帰ろうと思っても、まだバッティングマシーンを打っていましたから。試合前の守備練習もこれからゲームがあるんだから、そこまでやるなと注意するくらいでした」。チャンスを与えられる若者とは、仕事の結果以上に仕事に取り組む姿勢を上司に評価された人材なのだろう。

2014年の展望

山田氏が監督に就任した2002年と共通点が多い2014年。山田氏は今年の中日をどう見ているのか。「リーダーが見当たらないね。全試合出場して引っ張っていく選手が」。

年齢的に中堅どころが極めて少ない今の中日。当時の立浪和義のような人気と実力を兼ね備えた存在がいないという。新リーダーは誰になるのか。選手会長の大島洋平か、平田良介か。あるいは荒木雅博か森野将彦か。

「今後の課題は4、5年後を見据えてアライバのあとの二遊間。それから谷繁監督のあとのキャッチャーでしょう。自分のあとはこいつだと見込んだ選手に教えることも重要。去年までのヤクルト・宮本のように、今いるベテランを選手兼任コーチにして育成という役割を与えることも考えた方がいいかもしれない」と指摘。干支一回りで改革期に直面している中日。次世代スターを育成する体制も今年あたりから整える必要があるという。

また、ファンはいつの時代も若手のレギュラー取りを夢見る。「高橋周平や堂上直倫に期待が集まっていますが、彼らが当時のアライバのように練習に取り組めるかどうかです。死に物狂いでやってほしいね」。要は本人がもぎ取るか否かだ。

FA補強、トレード、さらに大胆なコンバートでチームを改革した2002年。その裏には選手の気持ちを尊重した対話があり、ファンからの猛反発があり、主力の併用による失敗があり、若手にチャンスを与える決断があった。改革後、２００２年は3位、２００３年は2位に終わり、山田氏はユニホームを脱いだ。その後、落合体制になった２００４年からはリーグ優勝4回、日本一１回の黄金時代へ突入する。山田改革は飛躍の前の土台作りだったと言えよう。２０１４年、新リーダーは誕生するのか。若手はポジションを奪うのか。チームはどう巻き返すのか。さあ、戦いが始まる。

あとがき

１９８３年10月2日、ＣＢＣ初めてのスポーツトークバラエティーとしてスタートした〈サンデードラゴンズ〉。中日新聞の協力で番組スタート30周年記念企画本の出版が実現しました。約1年の準備期間でしたが、番組の歴史を改めてたどるとドラゴンズファンが歓喜した名勝負・名選手がよみがえり、現在のドラゴンズの礎に繋がる変遷も浮かび上がりました。まさにファンと共にドラゴンズを応援し続けた30年でした。

今回の企画で、多くのページを執筆した若狭アナウンサーは徹底した現場取材をベースに現在のドラゴンズを分析しました。ＣＢＣスポーツアナウンサーはドラゴンズ戦のテレビ中継、ラジオ中継を担当するとき、常に選手・コーチ・監督に肉薄してドラファンへできる限りのナマの情報を発信しようと努めています。サンドラ初代ＭＣ久野アナ、２代目伊藤アナ、３代目宮部アナが紡いできた〝サンドラの使命〟を引き継ぐ若狭アナ渾身の〝ドラゴンズ論〟で、これからのドラゴンズにエールを送ります。

最後にドラゴンズファンの皆様、多くの視聴者の皆様、番組を応援して頂いている名古屋鉄道株式会社様をはじめとする名鉄グループ各社様、関連各社様のご協力により、30周年を迎えることが出来ました。この場をお借りして御礼申し上げます。ありがとうございます。

これからもサンデードラゴンズはドラゴンズファンと共に全力で中日ドラゴンズを応援していきます。

サンデードラゴンズ　プロデューサー　蛯原浩人

著者略歴

若狭敬一（わかさ・けいいち）

1975年9月1日、岡山県倉敷市生まれ。県立玉島高校では軟式野球部に所属、高3夏は岡山県大会ベスト4。1994年、名古屋大学経済学部入学。準硬式野球部で投手として東海リーグ1部昇格に貢献。1998年、中部日本放送株式会社にアナウンサーとして入社。テレビの情報番組の司会やレポーターを担当。また、ラジオの音楽番組のパーソナリティーとして、のべ1500組のアーティストにインタビューする。2004年、ＪＮＮ系アノンシスト賞ラジオフリートーク部門優秀賞、2005年、同テレビフリートーク部門最優秀賞受賞。2006年からは野球実況も担当。現在の主な担当番組はCBCテレビ〈サンデードラゴンズ〉、〈ゴゴスマ〉、CBCラジオ〈若狭敬一のスポ音〉。趣味は草野球とゴルフ。

若狭敬一　著

サンドラのドラゴンズ論

CBCサンデードラゴンズ　編

2014年3月10日　初版第一刷発行

発行者　野嶋庸平
発行所　中日新聞社　〒460-8511
電話　052-201-8811（大代表）
052-221-1714（出版部直通）

印刷・製本　図書印刷株式会社
ブックデザイン　id GRAPHICS株式会社

ISBN978-4-8062-0666-8